多情自古傷離別

——古典文學別離主題研究

蕭瑞峰著

痕滿面亞、

泰近本作春

、春望

春一作荒

國破山河在城春草木深感時花濺淚恨別鳥
驚心烽火連三月家書抵萬金白頭搔更短渾
欲不勝簪

憶幼子

驪子春猶隔驚歌暖正繁別離驚節換聰慧與

《杜工部全集》明萬曆平原劉世教刊李杜集合刻本

文史哲學集成

文史哲出版社印行

國家圖書館出版品預行編目資料

多情自古傷別離：古典文學別離主題研究 / 蕭瑞峰
著. -- 初版. -- 臺北市：文史哲，民85
面 ； 公分. --（文史哲學集成 ；363）
ISBN 957-549-016-9 （平裝）

1. 中國文學 - 歷史　2. 中國文學 - 評論

820.9　　　　　　　　　　　　　　85005609

文 史 哲 學 集 成 ㊷

多情自古傷離別
——古典文學別離主題研究

著　　者：蕭　　　瑞　　　峰
出 版 者：文 史 哲 出 版 社
登記證字號：行政院新聞局局版臺業字五三三七號
發 行 人：彭　　　正　　　雄
發 行 所：文 史 哲 出 版 社
印 刷 者：文 史 哲 出 版 社
　　　　　臺北市羅斯福路一段七十二巷四號
　　　　　郵撥〇五一二八八一二　彭正雄帳戶
　　　　　電話：（〇二）三五一一〇二八

定價新臺幣 三二〇元

中 華 民 國 八 十 五 年 六 月 初 版

多情自古傷離別

——古典文學別離主題研究——

目　錄

第一章　永恆的文學主題──別離

第一節　別離，一個令人黯然銷魂而又心旌搖曳的字眼

　　這也許是人所共知的事實：在中國文學史上，有許多爲歷代作家遞相沿襲而又光景常新的文學主題。這些文學主題，按時下比較「摩登」的說法，應稱之爲「母題」。謂之「母題」，意思自然是說由它又可以生發出若干子題。這意味著，任何一種文學主題，如果想要得到「母題」的稱號，都必須具備繁衍的功能，即不僅與其他文學主題之間有著血緣關係，而且在這種血緣關係中屬於分泌乳汁的一方。以這一標準來衡量，別離主題，正是地地道道的「母題」。

　　誠然，除別離主題外，其他一些文學主題也足以享有「母題」的稱號，如悲秋主題、傷春主題、相思主題等等。但在我看來，假使「母題」的稱號「只可有一，不可有二」的話，那就非別離主題莫屬。理由十分簡單，那就是別離主題具有更廣泛的包容性：人們「悲秋」和「傷春」，是因爲面對蕭瑟的秋景或爛漫的春光，而引發了對充滿缺憾的人生、社會及時代的聯想（當然，前者是順向的引發，後者是逆向的引發）。其中，最普遍、也最深刻的一種缺憾，便是別離。這就是說，人們逢秋而悲或遇春而傷，往往是因爲別離的緣故。或者，更乾脆一點，簡直可以說，悲秋與傷春，在許多場合，只是別離主題的一種表現形式。即以「悲秋」而論：人們通常把宋玉奉爲逢秋而悲的祖師爺，而將其代表作《

九辯》看作悲秋主題的濫觴。這自然是不錯的。但也許人們並沒有注意一個事實，那就是，在他結結實實地發出「悲哉秋之爲氣也」的沉重嘆息，並使它化爲循環往復的旋律後，緊接著從他那情景相生的筆端流溢出的兩句卻是：「憭栗兮若在遠行，登山臨水兮送將歸。」這不分明是在描繪一種別離的場面嗎？由此反觀前文，可知「悲哉秋之爲氣也」這一嘆息，乃發自即將別離的「傷心人」之肺腑。這正好說明，至少在宋玉筆下，悲秋只是別離的結果。而「搖落深知宋玉悲」（《秋興八首》之一）的唐代詩聖杜甫，在他那篇不僅「形容秋景入畫」、而且「模寫秋意入神」的《登高》詩中，也曾說過「萬里悲秋常作客」的話，明明白白地點出「悲秋」是因「常作客」（即常別離）而致。悲秋若此，傷春又復如何？說到「傷春」，情形恰與「悲秋」相彷彿，不妨仍以杜甫的詩歌作爲例子。杜甫《春望》有句：「感時花濺淚，恨別鳥驚心」。春天花開鳥鳴，本當令人賞心悅目，而身處戰亂之中的杜甫卻是對「花」濺淚，聞「鳥」驚心。其原因何在？蓋在「感時」、「恨別」也。可知別離儘管不是造成詩人傷春的心理機制的全部原因，至少是其中的重要原因之一。至於「相思」，其有賴於「別離」不言自明：若無別離，又何來相思？用西晉詩人張華的話來說，便是：「巢居知風寒，穴處識陰雨。不曾遠別離，安知慕儔侶？」（《情詩》）。這也就是常言所謂「別後方知相思深。」因此，如果根據包容性的廣泛與否，來有意識地排定文學「母題」們的席位的話，那麼，別離主題即便不能居於首席，至少也當在前排占有一席之地。

　　的確，在人生的漫漫旅途上，誰沒有經歷過別離？誰沒有嘗過別離的滋味？元代散曲家劉庭信曾經一再感嘆：「人生最苦是別離」。其實，還可以補充說：「人生最難是別離」，「人生最

多是別離」。不是嗎？對於幸運兒來說，也許他從來沒有過失敗
與挫折，但他卻不會沒有過別離；反之，對於不幸者來說，也許
他從來沒有過成功與勝利，但他卻同樣不會沒有過別離。因此，
落魄江湖、坎壈終生的南宋詞人姜夔固然多次抒寫過「算空有并
刀，難剪離愁千縷」（《長亭怨慢》）的深刻體驗，即使是以「
太平宰相」著稱於史、志得意滿、優遊歲月的北宋詞人晏殊也再
三傾訴過「一向年光有限身，等閑別離易銷魂」（《浣溪紗》）
的痛苦心聲。別離，真是一種普遍的生命現象，一個永恆的文學
主題！

　　唯其如此，別離文學才能代有發展，長盛不衰。由古迄今，
不知有多少才情卓絕的作家曾經在別離文學的園地裡開拓和耕耘！
他們所留下的描寫別離的作品豈止汗牛充棟，簡直象星空和煙海
一樣浩瀚。這就難怪我們在這一園地裡徜徉和採擷時，輒有五色
繽紛、目不暇接之感了。姑且不說晏殊、姜夔之類的獨樹一幟、
堪稱「作手」的名家，即便是那些在創作領域享譽非隆的詩論家，
當他們試手描寫別離時，也是何等的深情繾綣、游刃有餘啊！且
看南宋嚴羽的一詩一詞：

　　人生聚散何超忽，愁折瑤華贈君別。
　　君騎白鹿歸仙山，我亦扁舟向吳越。
　　明日憑高一望君，江花滿眼愁氛氳。
　　天長地闊不可見，空有相思寄海雲。
　　　　　　　　　　——《送戴式之歸天台歌》

　　一曲危弦斷客腸，津橋扰柂轉牙檣。江心雲帶蒲帆重，樓
　　上風吹粉淚香。　　瑤草碧，柳芽黃，載將離恨過瀟湘。
　　請君看取東流水，方識人間別意長。
　　　　　　　　　　——《鷓鴣天·惜別》

嚴氏的《滄浪詩話》，固然是宋代最負盛名、對後代影響最大的一部詩歌理論著作；但若純以創作成就論，則未足躋身於一、二流高手之列，所謂「止能摹王孟之餘響，不能追李杜之巨觀也」（《四庫全書總目提要》）。不過他的這兩篇抒寫離情別緒的作品卻不假藻飾，而自有真情摯意、錦心繡口在。雖然遣辭造語並非一無依傍，譬如《鷓鴣天》詞中的「載將離恨過瀟湘」一句，分明是由宋初鄭文寶《柳枝詞》中的「載將離恨過江南」脫胎而來，「請君看取東流水，方識人間別意長」二句之於李白《金陵酒肆送別》中的「請君試問東流水，別意與之誰短長」，點化的痕跡也十分明顯，但縱覽全篇，終不失渾成之致，在嚴氏的集子裡要算是上乘之作了。那麼，何以嚴氏駕馭其他題材時常常捉襟見肘、力不從心，唯獨在涉筆於別離時，卻這般得心應手呢？原因或許便在於，他對於作為普遍的生命現象的別離有著更深刻、更真切的體驗和更細膩、更透徹的感知。

較之嚴羽，程垓在宋代詞壇上的知名度就愈加有限了。對於許多宋詞愛好者來說，程垓的名字也許還比較陌生，但他的一首《酷相思》詞，對離情別緒的抒寫卻是那樣撼人心魄：

> 月掛霜林寒欲墜。正門外、催人起。奈離別、如今真個是：
> 欲往也、留無計。欲去也、來無計。　　馬上離魂衣上淚。
> 各自個、供憔悴。問江路梅花開也未？春到也、須頻寄。
> 人到也、須頻寄。

明人楊慎在《詞品》中曾揭示此詞的本事：作者「與錦江某妓眷戀甚篤，別時作《酷相思》」。這或係得之傳聞，未必有據。但即便真是別妓之作，也無可指摘。狎妓，在封建士大夫固然是一種風流韻事；不過，許多落魄文人，如宋代的柳永、秦觀以及此詞的作者程垓等之所以寄身青樓、征管逐弦，卻往往是由於懷才

不遇，仕宦失意，這才轉向脂粉隊中來尋求安慰。當他們與那些被迫墮入風塵、受盡人間風刀霜劍逼迫的女子深入接觸以後，常常意外地發現她們中的許多人原來有著十分可貴的品質：善良，純眞，愛才若渴，嫉惡如仇，堪稱「出污泥而不染」。在她們身邊，他們能呼吸到在污濁的官場中絕對呼吸不到的清新氣息。因此，他們不僅將她們當作眞正的人，置於與自己平等的地位，而且多次以飽含同情的筆觸，描寫她們的淒涼境況和哀怨心情，爲她們發出鬱積已久的不平之鳴。終於，在互相尊重的基礎上，在相濡以沫的過程中，他們與她們之間產生了眞摯的愛情。這種愛情不是偷香竊玉式的，卻比偷香竊玉式的來得光明；也不是明媒正娶式的，卻比明媒正娶式的來得熱烈。然而，這種愛情畢竟只能造成以「體態的美麗，親密的交往，融洽的旨趣」等等條件爲前提的「婚外自願結合。」他們之間並沒有締結正式的婚姻關係，必然別多會少，而不得長相廝守、白頭偕老。這樣，別離的痛苦和別後的相思便都是不可免的了。而程垓此詞所要表現的正是這種別離的痛苦，又有什麼可指摘的呢？難得的是，眞率、自然的別離之情，悉以明白、淺近的語言出之；那欲去不忍、欲留不能的深曲心態，那臨別前的失魂落魄與叮嚀周至，在作者筆下被刻劃得那樣眞切而生動，讀來眞給人蕩氣迴腸之感。李調元《雨村詞話》稱贊此詞「以白描擅長」，誠然如此。

　　應當指出，在知名度與程垓相仿的作家的詩文集裡，象《酷相思》這樣感人至深的別離之作，可以說俯拾皆是，不勝枚舉。不僅如此，即使是一些今天已無法考知其姓名的作家也曾在別離文學的園地裡培植出獨具秀色的奇花異卉。且看宋代無名氏的兩首詞：

　　　　東風楊柳門前路，畢竟雕鞍留不住。柔情勝似嶺頭雲，別

　　淚多于花上雨。　　青樓畫幕無重數，聽得樓邊車馬去。若將眉黛染情深，直到丹青難畫處。

　　　　　　　　——《玉樓春·題鉛山驛壁》

　　蕭蕭江上荻花秋，做弄許多愁。半竿落日，兩行新雁，一葉扁舟。　　惜分長怕君先去，直待醉時休。今宵眼底，明朝心上，後日眉頭。

　　　　　　　　——《眼兒媚》

前詞中的抒情主人公在深情款款地與心上人揮淚作別登程後，那別時的情、景、態卻仍然搖曳、蕩漾於他心中，終於融匯成一個稍含凄婉、饒有風致的意境。後詞圍繞一個「愁」字著筆，在時間與空間的錯綜交織中，有層次地展示了抒情主人公的別時之愁、別前之愁及別後之愁，景物的烘托既恰到好處，心理的刻劃也頗見匠心。因此，儘管作者的姓名早已湮沒無聞，但拂去歷史的塵封，作品本身卻仍然閃耀著熠熠的光彩。

　　無須一一徵引，要言之，如果將由古迄今的別離文學作品都為一集，那麼它不僅卷帙浩繁，而且名篇如林。從戰國時屈原的「悲莫悲兮生別離」（《九歌·少司命》），到漢代無名氏的「憂來生別離」（《漢樂府·艷歌何嘗行》），再到元代劉庭信的「人生最苦是別離」（《折桂令·憶別》），那些著名的或不那麼著名的、甚至姓名早已湮沒無聞的作家唱出了多少沁人心脾的離歌，又奏出了多少動人心弦的別曲啊！

　　「黯然銷魂者，唯別而已矣」。這是梁朝作家江淹在《別賦》中開宗明義的一句話，在這位晚年不幸「才盡」的「江郎」看來，能令人「黯然銷魂」的，除別離外，更無他物。實際上，這又豈止是江淹一個人的看法？屈原所說的「悲莫悲兮生別離」，表達的不正是相類似的意思？說到底，江淹只不過概括了所有離人的

共同的切身感受而已。當然，這種概括是極其精當、極其凝煉的，誠所謂「人人意中皆有，人人語中皆無」也。唯其如此，它得到了江淹以後歷代騷人墨客的贊許和認可，並不斷爲他們所沿襲、所點化、所生發，以致到後來，「銷魂」一詞幾乎成爲別離的同義語。北宋詞人秦觀《滿庭芳》下片有云：「銷魂，當此際，香囊暗解，羅帶輕分」。不少研究者以爲這幾句是寫別前的幽歡而有所非議。這種看法肇始於蘇軾。據黃升《花庵詞選》，蘇軾曾責問出其門下的秦觀何以別來「學柳七作詞」（秦觀是「蘇門四學士」之一）？當秦觀表示不解時，蘇軾便拈出這幾句詞作爲事實依據。「柳七」，即柳永。柳永大量創製慢詞，在宋代詞壇上固然是承先啟後、功績卓著的人物，但柳詞卻有過於俚俗，不夠雅正的一面，其突出表現便是對男女歡會的露骨描寫。蘇軾批評秦觀「學柳七作詞」，實際上是告誡他不要步柳永的後塵，其用心是十分良苦的。但蘇軾的這一批評卻難以成立，因爲「銷魂，當此際」不過是化用江淹的名句「黯然銷魂者，唯別而已矣」，暗示此時心緒已亂，不能自制；緊接著的「香囊暗解」，是寫離人解下貼身佩帶的香囊贈送給對方以作留念；「羅帶輕分」，則是寫離人輕輕撩起羅帶，用它打成同心結，以示此情不移，含有相互慰勉和剖白心跡之意。因此，與其說它們是寫別前的幽歡，竊以爲不如說是寫別時的眷戀。聯繫上片中的「暫停征棹，聊共引離尊」等語，再上溯「銷魂」一詞的淵源，對此即可了然——除了別離外，還能有其他什麼事情是爲人們所公認的「黯然銷魂者」呢？

　　「黯然銷魂者，唯別而已矣」！在這半是感嘆、半是怨尤的話語中，包含著多少痛苦的體驗，又融匯進多少悲愴的感受啊！當我們一次又一次在生活中咀嚼它的內涵時，不能不心悅誠服於

江淹的概括力和洞察力。是的，江淹是值得我們折服的，因爲他
不僅帶頭呼出了「黯然銷魂者，唯別而已矣」這千古視爲知言的
心聲，而且他所創作的《別賦》也是梁以前的別離文學中的集大
成式的作品。即使在梁以後，以鋪敘的詳贍論，也很少有其他作
品能出《別賦》之右。因此，當我們在別離文學的園地裡巡視時，
不能不對江淹的《別賦》分外垂青。《別賦》全文如下：

> 黯然銷魂者，唯別而已矣。況秦吳兮絕國，復燕宋兮千里。
> 或春苔兮始生，乍秋風兮暫起。是以行子腸斷，百感悽惻。
> 風蕭蕭而異響，雲漫漫而奇色。舟凝滯於水濱，車逶遲於
> 山側。棹容與而詎前，馬寒鳴而不息。掩金觴而誰御？橫
> 玉柱而霑軾。居人愁臥，怳若有亡。日下壁而沉彩，月上
> 軒而飛光。見紅蘭之受露，望青楸之離霜。巡層楹而空掩，
> 撫錦幕而虛涼。知離夢之躑躅，意別魂之飛揚。
>
> 故別雖一緒，事乃萬族。至若龍馬銀鞍，朱軒繡軸，帳飲
> 東都，送客金谷。琴羽張兮簫鼓陳，燕趙歌兮傷美人。珠
> 與玉兮艷暮秋，羅與綺兮嬌上春。驚駟馬之仰秣，聳淵魚
> 之赤鱗。造分手而銜涕，咸寂寞而傷神。
>
> 乃有劍客慚恩，少年報士，韓國趙廁，吳宮燕市；割慈忍
> 愛，離邦去里。瀝泣共訣，抆血相視。驅征馬而不顧，見
> 行塵之時起。方銜感於一劍，非買價於泉里。金石震而色
> 變，骨肉悲而心死。
>
> 或乃邊郡未和，負羽從軍；遼水無極，燕山參雲。閨中風
> 暖，陌上草薰。日出天而曜景，露下地而騰文。鏡朱塵之
> 照爛，襲青氣之煙熅。攀桃李兮不忍別，送愛子兮霑羅裙。
>
> 至如一赴絕國，詎相見期？視喬木兮故里，決北梁兮永辭。
> 左右兮魂動，親賓兮淚滋。可班荊兮贈恨，唯罇酒兮敍悲。

值秋雁兮飛日，當白露兮下時。怨復怨兮遠山曲，去復去兮長河湄。

又若君居淄右，妾家河陽，同瓊佩之晨照，共金鑪之夕香。君結綬兮千里，惜瑤草之徒芳。慚幽閨之琴瑟，晦高台之流黃。春宮閟此青苔色，秋帳含茲明月光。夏潭清兮晝不暮，冬釭凝兮夜何長！織錦曲兮泣已盡，回文詩兮影獨傷。

儻有華陰上士，服食還山。虱既妙而猶學，道已寂而未傳。守丹灶而不顧，煉金鼎而方堅。駕鶴上漢，驂鸞騰天，暫游萬里，少別千年。唯世間兮重別，謝主人兮依然。

下有芍藥之詩，佳人之歌。桑中衛女，上宮陳娥。春草碧色，春水淥波。送君南浦，傷如之何！至乃秋露如珠，秋月如珪，明月白露，光陰往來。與子之別，思心徘徊。

是以別方不定，別理千名。有別必怨，有怨必盈。使人意奪神駭，心折骨驚。雖淵、雲之墨妙，嚴、樂之筆精；金閨之諸彥，蘭台之群英，賦有凌雲之稱，辯有雕龍之聲，誰能摹暫離之狀，寫永訣之情者乎？

開篇即以一聲「黯然銷魂者，唯別而已矣」的喟嘆，造成先聲奪人的藝術效果；而用一個「況」字相接榫，則在語氣的遞進中使辛酸悲愴之情進一步回旋上升。繼而便從地理與時間兩方面鋪展筆墨，極言別後距離之遙遠與別時景物之惱人，為後文的抒情布置典型環境。在此基礎上，作者採用先總後分、勾魂攝魄的筆法，先從總體上描寫別離的雙方（即所謂「行子」與「居人」）臨當分袂時的百感悽惻；然後再以典型化的手法，分寫形形式式的別離場面：達官貴人的別離，場面豪華，氣氛熱烈，但在這一表象下所掩藏的卻是冷落、孤獨、空虛之感；義俠壯士的別離，場面悲壯，氣氛激烈，正與其義無反顧、快意恩仇的豪爽性格相融洽；

而老人與「負羽從軍」的愛子之間的別離，則場面憂傷，氣氛慘烈，滿溢出因一去生死難卜、重逢無期而變得更加難分難捨的骨肉之情。此外，在作者筆下，還展示了宦者離鄉去國、道士辭親別友等一幅幅令人目眩神迷、百感交集的別離圖景。緊接著，作者以「別方不定，別理千名，有別必怨，有怨必盈。使人意奪神駭，心折骨驚」六句總括前文，既有畫龍點睛之妙，又與開篇處相互發明，使千迴百轉的離情別緒進一步得到強有力的激揚。篇末以設問句作結，不僅使行文一氣旋折，形成「駿馬下注千丈坡」之勢，而且也將讀者推向想像與回味中，使有限的畫面延伸到畫外無限的空間。從藝術上看，作者一方面發揚賦體本身「體物而瀏亮」的傳統，以鋪張揚厲的筆法對種種別離情狀進行了全方位、多側面的觀照和摹寫，另一方面又融入了詩體「緣情而綺靡」的特點，筆墨所至，無不帶有濃厚的感情色彩。精湛的狀物技巧與高超的抒情手法，既經作者加以揉合，全篇便意到筆隨，情景相生：或正面烘托，以「哀景」寫哀；或反面映襯，以「樂景」寫哀。從而在一種「情景互藏其宅」的藝術境界中，曲折有致地表現了世人所共有的離愁別恨。

　　誠然，從別離這一生命現象產生的那一刻起，「別離」，便是一個令人黯然銷魂而又心旌搖曳的字眼。但它正式被視為「黯然銷魂者」，卻畢竟是從江淹的《別賦》開始的。讓我們就以江淹的《別賦》為起點，來辨析形形式式的別離場面的異同，考察源遠流長的別離文學的發展軌跡，揭示包蘊在別離主題中的生命與藝術奧秘吧！

第二節 「風蕭蕭兮易水寒，
　　　　　　壯士一去兮不復還」
——慷慨悲壯的君臣之別

　　君臣相別的場面未必盡皆慷慨、悲壯，但就我所寓目者而言，卻似以慷慨、悲壯者居多。描寫君臣之別的最早的作品，也許該推《詩經》中的《大雅·烝民》。全詩凡八章，其後二章爲：

　　仲山甫出祖，四牡業業。

　　征夫捷捷，每懷靡及。

　　四牡彭彭，八鸞鏘鏘。

　　王命仲山甫：城彼東方。（七章）

　　四牡彭彭，八鸞喈喈。

　　仲山甫徂齊，式遄其歸。

　　吉甫作誦，穆如清風。

　　仲山甫永懷，以慰其心。（八章）

仲山甫是周宣王的臣子，奉周宣王之命，出使於齊國。於是，便出現了君臣慷慨相別的一幕。「仲山甫出祖」，「祖」指「祖餞」，即餞行也。宣王親自爲仲山甫餞行，一方面說明這次出使的成敗與否直接關乎國家的興衰，另一方面也表明宣王對臣屬的優渥有加。因而《毛詩序》揭示一篇主旨說：「《烝民》，尹吉甫美宣王也。任賢使能，周室中興焉」。想來正是有鑒於此。雖然在《烝民》產生的時代，別離還沒有蛻化爲一種獨立的文學題材，別離文學也還沒有生發爲一塊獨立的藝術園地，所以詩中對別離場面的摹寫極爲簡略，但卻也眞實地（而不是誇張地）傳達出當時的情緒與氛圍：雄壯的駟馬急欲登途，蹄聲與鈴聲發出清脆而和

諧的交響；隨行的身手敏捷的征夫也早已整裝待發，在他們心裡或許正深漾著一份任重而道遠的責任感和自豪感；酒過三巡，宣王一聲令下，仲山甫便慨然啓程而去，「城彼東方」。這時，另一位名叫吉甫的臣子則即席作「誦」，那「穆如清風」的詩句，既激起在場的所有送行者（包括宣王）內心的漣漪，也給即將遠行的仲山甫帶走一份溫馨，一份安慰，一份早日凱旋而歸的囑咐和期望。

如果說《大雅・烝民》中的這段描寫雖然傳神、卻終因用筆簡略而不夠曲折盡情的話，那麼，元明清時期的小說中有關君臣之別的描寫則要詳贍、細膩和紆曲得多了。如羅貫中《三國演義》第三十六回中的一段：

> ……玄德請徐庶飲酒，庶曰：「今聞老母被囚，雖金波玉液不能下咽矣。」玄德曰：「備聞公將去，如失左右手，雖龍肝鳳髓，亦不甘味。」二人相對而泣，坐以待旦。諸將已于郭外安排筵席餞行。玄德與徐庶並馬出城，至長亭，下馬相辭。玄德舉杯謂徐庶曰：「備分淺緣薄，不能與先生相聚。望先生善事新主，以成功名。」庶泣曰：「某才微智淺，深荷使君重用。今不幸半途而別，實爲老母故也。縱使曹操相逼，庶亦終身不設一謀」。玄德曰：「先生既去，劉備亦將遠遁山林矣」。庶曰：「某所以與使君共圖王霸之業者，恃此方寸耳；今以老母之故，方寸亂矣，縱使在此，無益於事。使君宜別求高賢輔佐，共圖大業，何便灰心如此？」玄德曰：「天下高賢，無有出先生右者」。庶曰：「某樗櫟庸材，何敢當此重譽」。臨別，又顧謂諸將曰：「願諸公善事使君，以圖名存竹帛，功標青史，切勿效庶之無始終也。」諸將無不傷感。玄德不忍相離，送

　　了一程，又送一程。庶辭曰：「不勞使君遠送，庶就此告
　　別」。玄德就馬上執庶之手曰：「先生此去，天各一方，
　　未知相會卻在何日」！說罷，淚如雨下。庶亦涕泣而別。
　　玄德立馬於林畔，看徐庶乘馬與從者匆匆而去。玄德哭曰：
　　「元直去矣，吾將奈何」？凝淚而望，卻被二樹林隔望。
　　玄德以鞭指曰：「吾欲盡伐此處樹木」。眾問何故。玄德
　　曰：「因阻吾望徐元直之目也」。

　　「玄德」，蜀先帝劉備字。「徐庶」，則是一位曾經輔佐過劉備
的頗有韜略的謀士。與徐庶遇合前，劉備連連敗績，幾乎已到窮
途末路的地步。幸賴徐庶爲之出謀劃策，才轉危爲安，贏得喘息
與再生之機。兩人相見恨晚，意正相愜，不料曹操爲逼迫徐庶歸
順自己，竟將徐庶的母親執至軍營，以相要挾。這樣，徐庶便不
得不辭別劉備，轉赴曹營去解救老母危難。雖然兩人身份不同：
一個是主公（此時的劉備當然還沒有登基稱帝），一個是謀士，
卻肝膽相照，形同手足。同時，對於劉備來說，徐庶是不可多得
的「賢才」；對於徐庶來說，劉備則是難能遇合的「明主」。這
就無怪他們臨別之際那樣難分難捨了。上面引錄的一段文字便一
層深入一層地刻劃他們的難分難捨之情：先寫共飲離酒，食不甘
味；繼寫相對而泣，「坐以待旦」；然後寫長亭辭別，對訴衷腸；
緊接著寫執手遠送，各揮涕淚；其後又寫立馬而望，呼天搶地；
最後則寫欲伐樹林，以騁望眼——正是這句看似無理，實則有情
的「痴語」，將劉備的依依惜別之情渲染得淋漓盡致。

　　相形之下，吳承恩《西遊記》第十二回中所描寫的太宗與玄
奘別離時的情景則另有一番耐人尋繹的韻味：

　　……玄奘又謝恩，接了御酒道：「陛下，酒乃僧家頭一戒，
　　貧僧自爲人，不會飲酒」。太宗道：「今日之行，與他事

> 不同。此乃素酒，只飲此一杯，以盡朕奉餞之意」。三藏
> 不敢不受。接了酒，方待要飲，只見太宗低頭，將御指拾
> 一撮塵土，彈入酒中。三藏不解其意，太宗笑道：「御弟
> 啊，這一去，到西天，幾時可回」？三藏道：「只在三年，
> 徑回上國」。太宗道：「日久年深，山遙路遠，御弟可進
> 此酒：寧戀故鄉一捻土，莫愛他鄉萬兩金」。三藏方悟捻
> 土之意，復謝恩飲盡，辭謝出關而去。

佛教在唐代固然是統治階級用以扼殺人民的反抗意志的一種思想
武器，但玄奘（即「唐僧」、「三藏」）立志去西天取經，卻是
抱著濟世拯民的良好願望，而與他「義結金蘭」的唐太宗也作如
是想──至少在吳承恩筆下太宗是作如是想。雖然這段文字不及
上面引錄的《三國演義》中的那段文字搖搖漾漾、曲曲折折，卻
同樣選用了從生活中挖掘、提煉出的「餘味曲包」的細節，那便
是「捻土入酒」。本來，玄奘臨行前，太宗硬要他飲酒，按常情
揆度，當寓有「勸君更盡一杯酒，西出陽關無故人」之意；但令
人始料不及的是，當玄奘低頭欲飲之際，太宗卻將泥土彈入酒中。
這一舉動非獨讓讀者感到驚詫，即便玄奘也頗為不解。直到太宗
本人語重心長地將動因和盤托出：這是要他莫忘故土，人們才恍
然大悟，而情不自禁地為作者的這一神來之筆拍案叫絕。不難看
出，在這裡，作者實際上是將人民熱戀故土的感情賦予太宗，這
才使太宗與玄奘相別的情景不僅分外感人肺腑，而且足以激發讀
者愛國戀鄉的熱忱。

　　當然，敘事文學發展至《三國演義》與《西遊記》創作問世
的時代，業已趨於成熟，因此，其中有關君臣之別的描寫理當用
筆細密，並且有波瀾開合之致。但即使在敘事文學尚未成熟的漢
魏時期，也不時能翻檢到有關君臣之別的詳贍描寫，雖然手法尚

不免單調，結構尚不免平直。不妨以漢代趙曄所著《吳越春秋》卷四《勾踐入臣外傳第七》爲例：越國爲吳國所戰敗；爲避免亡國的慘禍，越王勾踐只得忍辱負重，與大夫范蠡入臣於吳。儘管「入臣於吳」這一明智之舉爲後來越國的復興贏得了機會，但在當時畢竟是一件有辱越國尊嚴的事情；何況吳王夫差喜怒無常，勾踐此去能否生還，終在未卜之數。因此，「群臣皆送至浙江之上」。臨別之際，彼此心裡都沉甸甸的，彷彿壓上了鉛灰色的雲團。大夫文種舉杯上前致詞說：「皇天佑助，前沉後揚。禍爲德根，憂爲福堂。威人者滅，服從者昌。王雖牽致，其後無殃。群臣生離，感動上皇。眾夫悲哀，莫不感傷。臣請荐脯，行酒三觴」。這番祝詞既悲且壯，一方面反復強調「禍兮福所倚」的哲理，深蘊對越王勾踐的勖勉和激勵，另一方面又流露出惜別的惆悵與憂傷。因而，它深深地打動了後來以臥薪嘗膽著稱於史的勾踐。他多想將所有的鬱積、所有的煩悶一吐爲快啊！然而，身爲人主，他又豈能失態呢？於是，他「仰天太息，舉杯垂涕，默無所言」。既象是在自疚，又象是在反思。爲釋其憂懷、紓其愁緒，緊隨文種之後，群臣各各上前舉杯勸飲，既致詞慰勉，復剖白心跡。終於，勾踐慷慨地說道：「孤雖入於北國，爲吳窮虜，有諸大夫懷德抱術，各守一方，以保社稷，孤何憂焉」？語罷，便毅然決然地與群臣「別於浙江之上」。目睹「群臣垂泣，莫不感哀」的悲壯場面，越王勾踐雖然仰天長嘆說：「死者，人之所聞，若孤之聞死，其於心胸中會無怵惕」？卻仍然「登船徑去，終不返顧」。作者並沒有對別離的場面和氛圍刻意進行渲染，但因爲這次別離本身的特殊性，卻自有「哀感天地」的藝術魅力：一來勾踐此去以敗國之君的身份侍奉於暴虐無道的吳王之側，或將不免殺身之禍，因而生離有可能變成死別，這是其「悲」的一面；二來唯有

「入臣於吳」，才能打消吳王夫差的亡越之念，使越國得到醫治戰爭創傷並進而厲兵秣馬、卷土重來的時機。因而，在這次別離中又寄託著復興越國的希望，這是其「壯」的一面。這樣，綜觀其君臣相別的全部場面，可以說是雖然淒婉，不失沉雄；儘管蒼涼，猶見亢奮。

在檢閱描寫君臣之別的文學作品時，我們不能不特別提到諸葛亮的《出師表》。這篇深爲後代的愛國志士所推崇的著名表文，寫於蜀後主建興五年（227）作者率師北伐前夕。這時，「天下三分，而益州疲敝」，蜀漢政權正處於「危急存亡之秋」。爲了實現先主劉備「北定中原」、「興復漢室」的遺願，諸葛亮不惜「五月渡瀘，深入不毛」，終於使得「南方已定，兵甲已足」。而在敵國方面，曹魏軍敗祁山，孫吳兵挫石亭。這豈不正是率師北伐的大好時機？於是，諸葛亮便寫下此表，向後主請纓。誠然，只有表文的最後幾句，即「今當遠離，臨表涕零，不知所言」是抒寫離情別緒，其餘的筆墨則都是勸諫蜀後主劉禪，因此，從嚴格的意義上說，其主旨並不是表現別離主題。但出師北伐前夕，如此不厭其煩地向劉禪析形勢、論執法、說用人、明心志，提出開聽納諫、親賢遠佞等主張，卻不僅表現了謀求統一的思想和鞠躬盡瘁的精神，而且也是一個「兩朝開濟」的老臣對自己竭忠輔佐的君主的惜別深情的一種曲折的流露。前人稱贊此表「其文質，其語直，其事核，其意誠」，所謂「其意誠」，在我看來，正是說表文字字句句都流自作者的肺腑，充滿誠摯而深婉的忠君之情和惜別之意。這種忠君之情和惜別之意在篇末那嗚咽似泣的獨白中更被推向高潮，而猛烈地撞擊著讀者的心扉。應該說，正是建築在事實基礎上的邏輯力量和建築在感情基礎上的感染力量的高度和諧統一，使全篇肌理縝密，氣勢充暢，剴切感人，從而在涉

筆於君臣之別的作品中獨具一格。

自然，最爲慷慨、悲壯的君臣相別的場面，或許要數司馬遷《史記‧刺客列傳》中寫到的燕太子丹與荊軻在易水邊相別的那一幕：

> 太子及賓客知其事者，皆白衣冠以送之。至易水之上，既祖，取道，高漸離擊筑，荊軻和而歌，爲變徵之聲。士皆垂淚涕泣。又前而爲歌曰：「風蕭蕭兮易水寒，壯士一去兮不復還」。復爲羽聲慷慨，士皆瞋目，髮盡上指冠。於是荊軻就車而去，終已不顧。

燕太子丹痛恨秦王「蠶食諸侯」，危及燕國，卻因勢孤力單，不敢正面與強秦抗鋒，便通過田光力說客居於燕國的俠士荊軻入秦刺殺秦王。爲使荊軻成行，田光不惜橫刀自刎，以死相報，燕太子丹也紆尊降貴，對荊軻執禮甚恭。終於，荊軻答應了燕太子丹的請求。這可不是尋常的請求啊！秦王帳下勇士如林，防衛極其嚴密，荊軻即便幸而刺殺成功，自己也必將飲刃而亡，決無生還的可能。因而，許與之間，他實踐上已交付出自己最寶貴的東西──生命。不過，對於重然諾、守信義的荊軻來說，只要信義相存，捐獻生命又算得了什麼呢？而燕太子丹等也深知荊軻一去將不會復返，所以都穿戴著素白色的衣冠爲他送行。那是一次何等慷慨、悲壯的別離啊！伴隨著時而低沉、時而高昂的擊筑聲（屠狗與擊筑本是高漸離的兩手絕活兒），荊軻慷慨高歌，那悲中見壯、擲地有聲的歌詞，使所有的送行者都於怒目裂眦、怒髮沖冠之際，油然湧起同仇敵愾的壯志豪情。場面如此撼人心魄，以致千年以後，初唐詩人駱賓王還在《易水送別》一詩中無限神往地感嘆：「此地別燕丹，壯士髮沖冠。昔時人已沒，今日水猶寒。」應當說，荊軻並不是燕太子丹的臣僚，他們之間並沒有嚴格意義

上的君臣關係，但荊軻既然客居於燕地，捨身入秦又是奉燕太子
丹之命，把他們之間的別離援爲「君臣之別」的一例，不亦可乎？

　　與此互爲補充、相映成趣的是魏國的信陵君與侯嬴之間的別
離。《史記‧魏公子列傳》對別離經過的記敘僅寥寥數語：

> 公子謝過侯生。侯生曰：「臣宜從，老不能；請數公子行
> 日，以至晉鄙軍之日，北鄉自剄以送公子」。……公子與
> 侯生訣。至軍，侯生果北鄉自剄。

「公子」，即魏國的信陵君，他與楚國的春申君、趙國的平原君、
齊國的孟嘗君被合稱爲「戰國四公子」。「侯生」，即侯嬴，本
是看守城門的役吏，所謂「夷門監者」也。但其位雖卑，其名實
高。信陵君見其確有世人莫及之處，便千方百計與之相結納，即
使因此而受辱也在所不惜，從而贏得了侯嬴的傾心擁戴。當信陵
君欲解趙國之圍而魏安釐王卻無意出師與強秦對壘時，侯嬴爲他
定下了盜竊兵符、私調魏軍的計謀。因爲自己年邁力衰，已無法
與信陵君同行，他便決心殺身以報知遇之恩。臨別時，他了無一
字言及離情別緒，而僅僅發出當「北鄉自剄以送公子」的誓願（
「北鄉」，即北向）。分別後，到了約定的時間，他果然自剄而
死，眞是重義輕生，已諾必踐。雖然作者用筆簡略到極點，也平
實到極點，但這種君臣相別的場面不是同樣給人慷慨、悲壯之感
嗎？

第三節　「執手相看淚眼，
竟無語凝噎」
——悽惻纏綿的情侶之別

　　沒有誰會否認，在各種類型的別離中，以情侶之別最爲悽惻、

纏綿。無論是高踞於芸芸眾生之上的帝王將相，還是生活在社會
底層的平民百姓，無論是「筆補造化天無功」的墨客騷人，還是
「未成曲調先有情」的樂師歌妓，當他們告別深情眷戀著的意中
人時，幾乎一無例外地讓感傷的潮水漫出心堤，化爲字裡行間的
盈盈淚珠。柳永《雨霖鈴》一詞有句：「執手相看淚眼，竟無語
凝噎」。這恰好是那些飲食男女別離時的典型情態。即以自封爲
「楚霸王」的項羽而言，當他在巨鹿之戰中以破釜沉舟的膽略大
敗秦軍、威震諸侯時，表現出怎樣一種叱吒風雲、不可一世的氣
概啊！然而當他在「楚漢之爭」中慘敗於自己從未刮目相看的劉
邦之手，最後兵困垓下，不得不與心愛的美人虞姬訣別時，卻也
不免作小兒女之態：

> 項王軍壁垓下，兵少食盡，漢軍及諸侯兵圍之數重。夜聞
> 漢軍四面皆楚歌，項王乃大驚曰：「漢已皆得楚乎？是何
> 楚人之多也」？項王則夜起，飲帳中。有美人名虞，常幸
> 從；駿馬名騅，常騎之。於是項王乃悲歌慷慨，自爲詩曰：
> 「力拔山兮氣蓋世，時不利兮騅不逝。騅不逝兮可奈何！
> 虞兮虞兮奈若何」！歌數闋，美人和之。項王泣數行下。
> 左右皆泣，莫能仰視。
>
> ──《史記・項羽本紀》

有道是：「丈夫有淚不輕彈，只因未到傷心處」。（李開先《寶
劍記》）觀諸楚霸王項羽，不正是如此嗎？「泣數行下」，在尋
常人當然不足爲怪，在「力拔山兮氣蓋世」的項羽，可就非同小
可了。誠然，他平生唯一的文學創作──絕命詩，主要是抒寫英
雄末路的悲概，但「虞兮虞兮奈若何」，這徒喚無奈的一聲長嘆，
不也將他與情侶「死別」、而非「生離」前的千種風情、百般系
念盡皆籲出？「人生自是有情痴，此情不關風和月」。以沽名釣

譽和強梁霸道而著稱的項羽卻原來也是「有情痴」啊！

同樣是君王與愛侶的「死別」，清人洪升《長生殿》傳奇第二十五齣《埋玉》中的唐玄宗與楊貴妃，感情更其複雜和微妙：

> （旦）已痛兄遭戮，奈臣妾又受波查。是前生，事已定薄命應折罰。望吾皇急切拋奴罷，只一句傷心話……（生）無語沉吟，意亂如麻。（旦）痛生生怎地捨官家！（合）可憐，一對鴛鴦，風吹浪打，直恁的遭強霜！（旦）眾軍，逼得我心驚嚇。（生）貴妃，好教我難禁架！（旦）魂飛顫，淚交加。（生）堂堂天子貴，不及莫愁家。（合）難道把恩和義，霎時拋下。（旦）算將來無計解軍譁，殘生甘願罷，殘生甘願罷！（生）任讙譁，我一味裝聾啞，總是朕差。現放著一朵嬌花，怎忍見風雨摧殘，斷送天涯。若是再禁加，拚代你隕黃沙。（旦）百年離別在須臾，一代紅顏為君盡。

「旦」與「生」，在劇中分別是扮演楊貴妃與唐玄宗的角色。安史之亂爆發後，唐玄宗偕貴妃倉皇出逃。行至馬嵬坡，六軍嘩變。為情勢所迫，玄宗只好將貴妃賜死，以息眾怒。於是，一代紅顏，轉瞬間香消玉殞。如果溯其淵源，那麼，中唐詩人白居易《長恨歌》中的「六軍不發無奈何，宛轉蛾眉馬前死，君王掩面救不得，回看血淚相和流」四句分明是這一段唱詞的藍本。但唱詞卻將原作對突發事件的簡潔描繪化為對人物死別前的痛苦心理的細膩刻劃。不僅如此，唱詞還改變了原作的基本立足點：白詩以嚴肅而又空靈的現實主義詩筆披露了馬嵬事變的真相，曲折有致地刻劃出唐玄宗遭變之際對楊妃棄之不忍、留之不能的矛盾並在一定程度上觸及到封建帝王自私自利的本質，從而打破了「為尊者諱」的清規戒律。（當然，《長恨歌》中也有「為尊者諱」的筆墨，

如「楊家有女新長成，養在深閨人未識」，便將一幕新台醜劇輕
輕遮掩過去）。唱詞則有意無意地避開了唐玄宗「自私」的一面，
而致力於表現其「多情」的一面。就思想的深刻性而言，固然較
原作有所不及；但從別離文學的角度看，卻更有利於離情別緒的
烘托和渲染。因此，似乎有理由說，作者如此加以改編，正是爲
了以洋洋灑灑的筆墨，充分展現一對被平民化和理想化了的情侶
的離情別緒──當然是滿貯著深愁和長恨的離情別緒。「可憐，
一對鴛鴦，風吹浪打，直恁的遭強霜」這幾句「旦」與「生」的
合唱，既是劇中人物對即將來臨的「死別」的直覺式怨尤，也是
作者馳騁筆墨的基點。整段唱詞一唱三嘆、一波三折，讀至筆酣
墨飽、情濃意密處，簡直令人忘記了劇中人物作爲皇帝與貴妃的
特殊身份，但覺這是一對正深受死別之情煎熬的愛侶而已。

　　高貴若帝王，一旦爲情所染，辭別所愛時尚且如此悽惻；平
凡若「布衣」，處於同樣情形下，又該如何纏綿啊！漢樂府《艷
歌何嘗行》所抒寫的是民間的青年男女辭別所愛時的典型感受：

　　飛來雙白鵠，乃從西北來。

　　十十五五，羅列成行。

　　妻卒被病，行不能相隨。

　　五里一反顧，六里一徘徊。

　　吾欲銜汝去，口噤不能開。

　　吾欲負汝去，毛羽何摧頹。

　　樂哉新相知，憂來生別離。

　　躊躇顧群侶，淚下不自知。

　　念與君離別，氣結不能言。

　　各各重自愛，遠道歸還難。

　　妾當守空房，閉門下重關。

　　　　若生當相見，亡者會黃泉。

　　　　今日樂相樂，延年萬歲期。

雖然他們所經歷的是生離，而非死別，因而不像項羽、虞姬那樣
揉合著異路黃泉之感，也不像唐玄宗、楊貴妃那樣咀嚼著存亡乖
隔之恨，但從他們嘶啞的歌喉裡流瀉出的卻仍然是令人「聞之愀
然變色」的斷腸之聲！而且，他們又何嘗沒有一別成永訣的殷憂？
「若生當相見，若死會黃泉」，這不分明包蘊著死生莫測、前路
茫茫之感嗎？詩的前半篇從男子的角度傾訴不能攜妻同行的憂傷，
後半篇則從女子的角度作送別口吻。那「氣結不能言」的悲愴、
「各各重自愛」的勸勉以及「今日樂相樂」的強作歡顏，將一位
身在病中的賢妻的無窮離思、不盡怨望披露無遺。全篇以比興手
法起筆，語言雖不免帶有民歌的粗樸，但內在的深情卻足以使讀
者忘卻其外在的粗樸，而深深地爲之所吸引。

　　自然，民歌中所寫及的情侶之別並不一味流於悽惻、耽於感
傷，也有以健筆寫離情者。如：

　　　　聞歡下揚州，相送江津灣。

　　　　願得篙櫓折，交郎到頭還。（其一）

　　　　篙折當更覓，櫓折當更安。

　　　　各自是官人，那得到頭還。（其二）

　　　　　　　　　　　──《西曲歌‧那呵灘》

　　　　送歡板橋灣，相待三山頭。

　　　　遙見千幅帆，知是逐風流。

　　　　風流不暫停，三山隱行舟。

　　　　願作比目魚，隨歡千里游。

　　　　　　　　　　　──《西曲歌‧三洲歌》

儘管這樣的作品在南朝民歌中極爲罕見，卻畢竟是不可忽視的歷

史存在。勞動人民對生活、對愛情固有的樂觀情緒以及因久歷難厄而磨煉出的處變不驚、臨別不亂的從容態度，使作品既一往情深，又不作嗚咽之狀。前詩採用民歌中常見的男女問答體形式，如果說女方希望篙斷櫓折、好讓「官人」重新回到自己身邊的「痴心語」，反映了她對心上人的眷戀之深的話（「交郎」，即教郎；「到頭」，即倒頭。）那麼，男方「各自是官人，那得到頭還」的無奈吟唱，則流露出一種身不由己、欲留不能之感。細予品味，其中雖有幽怨，卻淡如輕煙，若隱若現。後詩純寫女方送別所歡時的眼中景與心中情，卻沒有些微的感傷（至少從表層結構看是這樣），有的只是隨歡同去、死生以之的強烈而迫切的願望，讀來但覺情辭流利，色澤明朗，好一派旖旎風光！

　　騷人墨客筆下的情侶之別則絕沒有與此相彷彿的明朗色澤和摒棄哀傷（或「哀而不傷」）的情調。「多情自古傷別離」，當這些既以「多情」自命、復以「多情」期許愛侶的詞章之士摹寫他們心目中的情侶之別時，總是與悽惻、纏綿有著不解之緣，不管是以比興象徵手法曲折表達，還是徑直出以呼天搶地的哭喊。北宋詞人張先《江南柳》有云：「隋堤遠，波急路塵輕。今古柳橋多送別，見人分袂亦愁生，何況自多情。　　斜照後，新月上西城。城上高樓重倚望，願身能似月亭亭，千里伴君行」。與前引《西曲歌·三洲歌》一樣，也是模仿女子聲口，而且篇末也是用一個俗濫的比喻來表達與所愛長相伴隨的願望（唐人張若虛《春江花月夜》早有「願逐月華流照君」句）。語言的工致、結構的跌宕，當然較前篇有所過之，但色調卻不及前篇明朗了。「見人分袂亦愁生，何況自關情」。儘管全篇僅嵌入了這一個「愁」字，但它卻前後關聯，使通篇都籠罩在愁雲恨霧中。這已算是委婉含蓄的了，更有直接抒發離愁別恨、泣不成聲或淚飛如雨者。

如下面三首出自宋、金人手筆的詞作：

> 江城烽火連三月，不堪對酒長亭別。休作斷腸聲，老來無
> 淚傾。
>
> 風高帆影疾，目送舟痕碧。錦字幾時來，薰風無雁回。
>
> ——宋·李彌遜《菩薩蠻》
>
> 鄰雞不管離懷苦，又還是、催人去。回首高城音信阻，霸
> 橋月館，水村煙市，總是思君處。　　裛殘別袖燕支雨。
> 漫留得、愁千縷。欲倩歸鴻分付與。鴻飛不住，倚欄無語，
> 獨立長天暮。
>
> ——宋·黃公度《青玉案》
>
> 東樓歡宴，記遺簪綺席，題詩紈扇。月枕雙欹，雲窗同夢，
> 相伴小花深院。舊歡頓成陳跡，翻作一番新怨。素秋晚，
> 聽陽關三疊，一尊相餞。　　留戀，情繾綣，紅淚洗妝，
> 雨濕梨花面。雁底關河，馬頭星月，西去一程程遠。但願
> 此心如舊，天也不違人願。再相見，把生涯分付，藥爐經
> 卷。
>
> ——金·王特起《喜遷鶯》

李詞是別內之作，寫於南宋初年金兵大舉南犯時，故開篇即以杜
詩成句「烽火連三月」（《春望》）入詞，點明別離的特定環境。
唯因這是戰亂之際的別離，它對作者感情的摧折才分外酷烈。「
休作斷腸聲，老來無淚傾」。這固是作者勸慰妻子的話，卻恰好
從反面烘托出妻子涕淚交流、泣不成聲的情態，同時也說明作者
自身亦不堪其悲。「無淚傾」者，並非故作曠達之態、控制淚水
外流也，而是飽經憂患，淚泉已趨於枯竭，正所謂「欲哭無淚」。
其為情之深，尤甚於涕淚交流。黃詞既劈頭就發出「離懷苦」的
哭訴，過片後更繼以「漫留得、愁千縷」的唱嘆。雖然沒有正面

提到「淚」字，但「燕支雨」實際上卻正是「淚」的代稱。所謂「裛殘別袖燕支雨」，是說別離時沾染在襟袖上的情侶的淚水已經只存痕跡。由此可知，儘管相去日遠，別離時那傷心慘目的情景卻始終鑴刻在他的記憶裡，而伴隨著這記憶的則是無窮無盡的離愁別恨。「漫留得、愁千縷」的唱嘆，無疑應從這一角度去理解、去品味。王詞亦以「別內」為題。雖然以「梨花面」形容結髮妻，多少有「香艷」之嫌，但勉強可以算作「香艷語」的，通篇也就僅此而已。當這對情深意篤的愛侶舉杯相餞、聽唱那蕩氣迴腸的陽關曲時，「舊歡」已全部化作「新怨」。妻子固然是淚飛如雨，而丈夫又何嘗不是淚眼相向呢？全詞有對「舊歡」的深情回憶，也有對「新怨」的哀哀哭訴；有去程渺遠的淒黯描述，也有他日團圓的誠摯祝願。細針密線，悱惻動人。

應該說，描寫情侶之別的詩詞作品，大多出自男性作家的手筆，即使作品的抒情主人公作女子口吻，也大多出自男性作家的假托和代擬。但也有一些女性作家（如李清照，朱淑真等）以及並不能稱其為作家的女性，為我們留下了摹寫情侶之別的優美篇章。篇章中的抒情女主人公無疑就是她們自己的化身。這些篇章，就感情的深曲和描寫的細密而言，往往「直欲壓倒鬚眉」。其中，清代顧英的《初夏送夫子北征》一詩不算有名（正如作者本身也不算有名一樣），卻亦堪一讀：

> 杜鵑喚春歸，和風吹芳芷。
>
> 何堪對斯景，把酒送吾子。
>
> 分手即天涯，惜此須臾晷。
>
> 別緒如繭絲，柔情似潭水。
>
> 離懷寄孤鴻，相思托雙鯉。
>
> 征途勉加餐，努力拾青紫。

> 上慰高堂親，下酬賢伯氏。
>
> 君行旣雅醇，君才復俊美。
>
> 但保金石心，豪門勿投趾。
>
> 桃李易凋殘，松柏豈朝萎。
>
> 行矣勿悲嗟，風雲自此始。

不必諱言，作品中有許多摭摭前人的痕跡，如「征途勉加餐」之脫胎於漢代古詩《行行重行行》中的「努力加餐飯」，令人一目了然；而「寄孤鴻」、「托雙鯉」等也是前代詩詞中習見的典故；以「繭絲」喻別緒、「潭水」喻柔情，則看似工切，實際上亦屬拾人餘唾。雖然如此，仍有其獨特的魅力在。顧英，乃清常山知縣張之頊妻。作品題爲《初夏送夫子北上》，可知寫於其丈夫離家赴任之際。杜鵑啼歸，百花凋殘，景色本已撩人愁思，又送丈夫遠別，其情何以爲堪？「何堪對斯景，把酒送夫子」，明白點出她正忍受著離愁別恨的煎熬，但她卻強抑悲痛，絮絮不休地對即將遠行的丈夫進行叮囑和勖勉。所叮囑與勖勉者，既有兒女情，亦有家國事，其中，「但保金石心，豪門勿投趾。桃李易凋殘，松柏豈朝萎」四句更是以氣節和操守相激勵，從而向讀者坦露了一個識大體、善克制的賢內助送別丈夫時的複雜而又深曲的心態。這正是其魅力之所在。

從大的範圍說，情侶之別只是別離的一種形式；但在這一種形式中，又包含著生動而又豐富的變化。對這一形式進行再深入一步的條分縷析，並非沒有可能，但那樣做或許會失之瑣細，因此，我所要說明的只是：在五花八門、變化多端的情侶之別中，最爲纏綿悱惻的大概是那種才子佳人式的別離。說到才子佳人式的別離，最著名的例子當然是元代雜劇作家王實甫在《西廂記》中所描寫的張君瑞與崔鶯鶯的別離，唐代傳奇作家蔣防在《霍小

玉傳》中所描寫的李益與霍小玉的別離，以及漢樂府《焦仲卿妻
並序》中所描寫的焦仲卿與劉蘭芝的別離。除此而外，大概就要
數到侯方域與李香君的別離了。寫及侯、李之別的作品有兩種，
一是清代孔尚任的《桃花扇》傳奇的第十二齣《辭院》：

> （旦唱）歡娛事，歡娛事，兩心自忖。生離苦，生離苦，
> 且將恨忍，結成眉峰一寸。香沾翠被池，重重束緊。藥裹
> 巾箱，都帶淚痕。（生白）暫此分別，後會不遠。（旦白）
> 滿地煙塵，重來亦未可必也。（旦唱）離合悲歡分一瞬，
> 後會期無憑準。（生唱）吹散俺西風太緊，停一刻無人肯。

另一是侯方域自己的散文《李姬傳》：

> 未幾，侯生下第，姬置酒桃葉渡，歌琵琶詞以送之，曰：
> 「公子才名文藻，雅不減中郎。中郎學不補行，今琵琶所
> 傳詞固妄，然嘗昵董卓，不可掩也。公子豪邁不羈，又失
> 意，此去相見未可期，願終自愛，無忘妾所歌琵琶詞也！
> 妾亦不復歌矣。

　　孔尚任創作《桃花扇》，意在「借離合之情，寫興亡之感」。
因而將侯、李的離合悲歡作為全劇的主要情節線索。唯其如此，
對侯、李之別便不能不以濃墨重彩進行渲染。孔氏自稱劇本是「
實理實人，有憑有據」。其實，頗多藝術改編與藝術加工之處—
—從創作學的角度說，要結撰一部傑出的文學劇本，又怎能不經
過藝術加工與藝術改編的程序呢？即以侯、李之別而言，孔劇便
略去了侯文中所記敘的「李姬」對新近落第的侯生的氣節方面的
勉勵，而由其中的「此去相見未可期」一句生發開去，致力刻劃
侯、李（尤其是李）的「生離苦」。於是，劇中的李香君與侯生
款款惜別時，不僅愁眉緊鎖，而且連「藥裹巾箱，都帶淚痕」。
如果說侯文主要著力表現李的「大義」的話，那麼，孔劇則主要

著力表現李的「深情」。著力的基點有所不同，出現在他們筆下的別離場面的況味也就有所不同了。

第四節　「山回路轉不見君，
　　　　雪上空留馬行處」
——深婉沉著的友朋之別

　　描寫友朋之別的作品，其本身也是一個開放的系統，但不論其表現方式如何千匯萬狀，說到底，其內容不外乎以下三個方面：一是惜別之情（其中往往包括對舊日情誼的緬懷和對他日重逢的預期）；二是憤世之志（其中往往包括懷才不遇的憤慨和人間何世的怨尤）；三是勵友之意（其中往往包括以道義相期和以氣節相許）。這三個方面，在不同的作品中往往各有側重，但有時它們也雜揉在同一篇作品裡，猶如水乳交融般密不可分。南宋詞人張元幹的《賀新郎‧送胡邦衡待制赴新州》是一個極為突出的例子：

　　　夢繞神州路。悵秋風、連營畫角，故宮離黍。底事昆侖傾
　　　砥柱，九地黃流亂注，聚萬落千村狐兔。天意從來高難問，
　　　況人情老易悲難訴？更南浦，送君去。
　　　涼生岸柳催殘暑。耿斜河，疏星淡月，斷雲微度。萬里江
　　　山知何處，回首對床夜語。雁不到，書成誰與？目盡青天
　　　懷今古，肯兒曹恩怨相爾汝？舉大白，聽金縷。

　　這是張元幹《蘆川詞》中的壓卷之作。紹興八年（1138）十一月，樞密院編修胡銓（字邦衡）因上書請斬秦檜而遭貶斥，旋又除名編管新州。張元幹聞訊後賦此詞為之送別。詞為送別而作，但作者開篇不言離情別緒，卻先宕開一筆，寫夢游中原——「夢

繞神州路」的「神州」即指中原地區。這顯然是因爲收復中原是他們共同魂牽夢繞的願望，如此起筆，可以使兩顆始終與時代脈搏一起跳動的赤子之心貼得更緊。「悵秋風」三句具體寫夢游中原的所見所聞所感。「悵」，因夢游而致：蕭瑟的秋風，將回蕩在軍營上空的悲壯的號角聲清晰地傳入作者的耳膜；而落入他視網的則是，昔日汴京豪華富麗的皇宮，經過時代風雨的侵蝕，如今已成一片禾黍離離的廢墟。這怎能使他不「悵」？作者悵恨已極，不由向南宋統治集團厲聲叱問：「底事昆侖傾砥柱，九地黃流亂注，聚萬落千村狐兔」。「底柱」句譴責南宋統治集團肆意摧殘那些如砥柱般中流獨立、支撐起祖國半壁河山的愛國志士的罪行，令人想見作者的拍案而起、怒不可遏之態。「九地」句形象地寫出了金兵南犯給中原人民帶來的巨大災難。「聚萬落千村」句則表現了對盤踞中原的女眞貴族的極度仇恨與蔑視。這三句由悵而問，連用三個比喻，將夢境與現實溝通起來，自然過渡到下文對滿腔悲憤的直接抒發。「天意」句是一層悲憤，指責昏君反復無常，居心叵測。「況人情」句是二層悲憤，呵斥庸臣未老先衰，屍居餘氣。「悲難訴」，一方面表明作者胸中的悲憤鬱結已深，非語言所能傾訴；另一方面也是鞭笞南宋統治集團壓制正當言論、使愛國志士投告無門的獨夫寡人行徑。「更南浦」二句是三層悲憤，痛惜友朋無辜見逐，孤身遠去。從結構上看，這二句承上啓下，全詞由此轉入對離情別緒的抒寫和對胡邦衡的慰勉。

　　過片「涼生岸柳」四句刻劃別景，但從中我們不僅能感受到作者對友朋的繾綣深情，而且不難產生這樣的聯想：那衰朽遲暮的南宋王朝不正象這「疏星淡月」一樣缺少光彩和生氣嗎？而那即將離去的胡邦衡不也正象這「斷雲」一樣將要飄往那遙遠的新州嗎？「萬里江山」四句抒寫別情：昔日同宿夜話，議論朝政，

相互披肝瀝膽，情景宛然在目；今後雁阻衡陽，信息難通，縱然知己相存，昔日情景又豈可復得？顯然，作者亦不免因別離而黯然神傷。然而，他畢竟是胸襟開闊、意氣豪邁的血性男兒，他沒有、也不願在離情別緒中消沉下去，他奮力將離情別緒一掃，便使詞意昇華到新的更高的境界：「目盡青天懷今古，肯兒曹恩怨相爾汝？舉大白，聽金縷」。「目盡」二句化用韓愈詩「昵昵兒女語，恩怨相爾汝」（《聽穎師彈琴》），意思是說：我們應該極目遠望，這樣才能不為眼前的不幸所擊倒；古往今來，有多少愛國者報國無門，卻心志不灰，我們既然懷著生死不渝的報國之心，又豈肯像一般的小兒女那樣計較個人的恩怨得失呢？這充分體現了作者的高風亮節。「肯兒曹」句用反詰語氣，旨在慰勉而又不僅僅是慰勉，──它既自豪地剖白了作者的心跡，又充滿對那些汲汲於一己蠅頭小利的兒曹輩的鄙棄。「舉大白，聽金縷」。「大白」，酒杯名。「金縷」，即金縷曲，是《賀新郎》這一詞調的異名。這兩句以飲酒聽歌作結，雖是前人送別詩詞裡習用的手法，卻有別於一般的俗套：它兼有「勸君更盡一杯酒，西出陽關無故人」和「今日聽『我』歌一曲，暫憑杯酒長精神」等多種寓意，正是上文對友朋的慰勉的繼續。不難想像，酒過數巡，胡邦衡便將應著作者吟唱的《金縷曲》的節拍，毅然擲杯而去，為抗擊金兵、匡復中原貢獻餘生。

　　這是一首送別詞，抒寫惜別之情是其「題中應有之義」。但我們聽到的不是「執手相看淚眼，竟無語凝噎」（柳永《雨霖鈴》的淒慘之音，也不是「蠟燭有心還惜別，替人垂淚到天明」（杜牧《贈別》）的哀怨之語，而是「目盡青天懷今古，肯兒曹恩怨相爾汝」的金石之聲。這正是這首詞的不同凡響處。全詞以共吐心聲起，以互致慰勉結，惜別之情、憤世之志與勵友之意確乎是

水乳交融，渾然一體，因此，既堪稱正氣貫長虹、高義薄雲天的愛國主義絕唱，也不失爲描寫友朋之別的作品中的翹楚之作。在張元幹填寫此詞的同時，年入古稀的南宋詩人王庭珪亦賦《送胡邦衡之新州貶所二首》，爲胡氏伸張正義。其一云：「囊封初上九重天，是日清都虎豹閑。百辟動容觀奏牘，幾人回首愧朝班？名高北斗星辰上，身墮南州瘴海間。不待他年公議出，漢廷行召賈生還」。其二云：「大廈元非一木支，欲將獨力拄傾危。痴兒不了公家事，男子要爲天下奇。當日奸諛皆膽落，平生忠義只自知。端能飽吃新州飯，在處江山足護持」。同樣是激於道義而作，讀來忠憤滿紙，生氣凜然，但其內容除了讚揚胡銓外，便是抒發忠憤之志與慰勉之意了，於惜別之情則略無筆墨涉及。將它與張氏《賀新郎》詞參讀，正可借以考察作家們處理別離題材時取徑與用筆的異同。

　　如果對各個時代的別離文學作品進行一番「全方位的掃瞄」，那就不難發現，在愛國有罪、賣國有功的南宋時期，像張元幹《賀新郎》這樣的惜別之情、憤世之態、勵友之意相交融的別友之作，數量遠較前代與後世爲多。這恰好驗證了劉勰在《文心雕龍・時序篇》中所說過的話：「文變染乎世情，興廢繫乎時序」。爲了實現驅逐金兵、收復中原、統一祖國的理想，一大批胡邦衡那樣的志士仁人犯顏直諫，冒死請命，結果遭到南宋統治集團的貶斥與流放。但統治集團的高壓政策與恫嚇手段，並沒有能使其他愛國志士膽怯和退縮。他們以詩詞作武器，每當友人遭到貶斥與流放時，總是義憤塡膺地賦詩塡詞爲他們送別，借以表達對南宋統治集團的憤恨和對無辜見逐的友人的慰勉。與此相反，偶當友人奉命外調至宋金交界之處，有可能匡補於抗金救國事業時，他們則總是及時結撰出豪情滿懷的送別詩詞。這些送別詩詞，大多

惜別之情、憤世之志與慰友之意兼而有之。如：

> 北望神州路，試平章這場公事、怎生分付？記得太行兵百
> 萬，曾入宗爺駕馭。今把作握蛇騎虎。君去京東豪傑喜，
> 想投戈、下拜真吾父。談笑裡，定齊魯。
>
> 兩河蕭瑟惟狐兔，問當年祖生去後，有人來否？多少新亭
> 揮淚客，誰夢中原塊土？算事業須由人做。應笑書生心膽
> 怯，向車中閉置如新婦。空目送，塞鴻去。
>
> ——劉克莊《賀新郎‧送陳子華赴真州》
>
> 紅玉階前，問何事、翩然引去？湖海上，一汀鷗鷺，半帆
> 煙雨。報國無門空自怨，濟時有策從誰吐？過垂虹亭下繫
> 扁舟，鱸堪煮。　　拚一醉、留君住。歌一曲，送君路。
> 遍江南江北，欲歸何處？世事悠悠渾未了，年光冉冉今如
> 許。試舉頭，一笑問青天，天無語。
>
> ——吳潛《滿江紅‧送李御帶珙》

劉詞寫於陳子華移知真州時。真州（治所在今江蘇儀徵），轄淮南東路，地近抗金前線。故而詞中對陳氏寄予了收復失地的殷切希望。上片勸勉陳氏繼承宗澤的路線和策略，依靠人民來洗雪國恥，並想像陳氏抵真州後京東義師「投戈下拜」、同心合作的情景。下片抨擊南宋統治集團偏安江南、不恤國計，並感嘆朝中不僅沒有祖逖那樣的擊楫中流、志在北伐的人物，而且連感慨「風景不殊，正自有山河之異」的新亭名士也不可多得。「算事業須由人做」，既是對陳子華的鼓舞與激勵，也吐露了作者自己獻身抗金救國事業的心聲。篇末以「空目送，塞鴻去」二句相收束，一方面為自己不能同往前線而惆悵，另一方面又回應題意，讓惜別之情隱隱漾出。吳詞所送別的對象是歷官御帶、國子司業的李珙。李珙本是「濟時有策之士」，因「報國無門」、壯志難酬而

決意「翩然引去」，泛舟湖海之上，長與一汀「鷗鷺」爲伴。這
在本質上與遭受貶斥、流放並沒有什麼不同。詞以問句領起，一
開篇即表達了作者對李氏的依依惜別之情。繼以「報國無門」二
句，既充分肯定了李氏的雄才大略和濟時之志（這種肯定對於李
氏也是一種慰勉），又傾注了對其懷才不遇、備受壓抑的遭際的
深切同情，而作者對朝廷迫害和壓抑愛國志士的行徑的憤懣也盡
在其中。過片處以「留君住」與「送君路」對舉，無疑是進一步
抒寫惜別之情，但同時也托出了作者既送之、且留之的矛盾心理，
「有深意存焉」。其深意蓋在「遍江南江北，欲歸何處」。所謂
「欲歸河處」，實際上是說此時國土破碎、烽煙遍地、欲歸無處。
其中分明包含著勸誡李氏且莫歸隱之意。「世事」二句，勸誡與
勖勉之意更爲顯豁：國事未了，年光有限，若再蹉跎歲月，「報
國」、「濟時」之志豈不盡付東流？這正是作者既送之、且留之
的深長用心。惜別之情、憤世之志與勵友之意在這裡同樣是融合
無間的。

　　不過，更多的別友之作還是側重於描寫某一方面或某兩方面
的內容。如南朝詩人何遜的《贈韋記室黯別》側重抒發惜別之情：
「故人倘送別，停車一水東。去帆若不見，試望白雲中。促膝今
何在，銜杯誰復同？水夜看初月，江晚訴歸風。無因生羽翰，千
里暫排空」。南朝詩人吳均的《酬別江主簿屯騎》側重表現勵友
之意：「有客告將離，贈言重蘭蕙。泛舟當泛濟，結友當結桂。
濟水有清源，桂樹多芳根。毛公與朱亥，俱在信陵門。趙瑟鳳凰
柱，吳醥金罍樽。我有北山志，流連爲報恩。夫君皆逸翮，搏景
復凌騫。白雲閑海樹，秋日暗平原。寒蟲鳴趯趯，落葉飛翻翻。
何用贈白首，自有北堂萱」。南宋詞人蔣捷的《賀新郎・鄉士以
狂得罪，賦此餞行》則側重渲瀉憤世之志：「甚矣君狂矣！想胸

中、些兒磊塊、酒澆不去。據我看來何所似，一似韓家五鬼，又一似楊家風子。怪鳥啾啾鳴未了，被天公、捉在樊籠裡。這一錯，鐵難鑄。　　濯溪雨漲荊溪水，送君歸，斬蛟橋外，水光清處。世上恨無樓百尺，裝著許多俊氣。做弄得、栖栖如此。臨別贈言朋友事，有殷勤、六字君記取：節飲食，慎言語」。至於揉合了兩方面內容的別友之作，唐代詩人李頎的《送魏萬之京》當屬其例：「朝聞游子唱離歌，昨夜微霜初渡河。鴻雁不堪愁裡聽，雲山況是客中過，關城樹色催寒近，御苑砧聲向晚多。莫見長安行樂處，空令歲月易蹉跎」。季屬深秋，景物蕭索，又疊摯友別離，自然逗出一個「愁」字。「愁」者，黯然神傷之謂也，正因惜別所致。這是抒發「惜別之情」。而「莫見」云云，期勉對方及時努力，早建功業，按照上文的劃分，則分明又屬於「勵友之意」了。

　　沒有必要在別友之作的三方面內容之間強加軒輊：姑且撇開三方面相互交融、滲透者不論，即便僅側重於其中的某一個方面——當然，無論是哪一方面，只要獨出機抒，都能產生美感效應；但就實際形成的文本、即現存的作品看，卻似乎側重於抒發惜別之情的名篇佳作尤多。且看兩首魏晉時期的作品：

　　　清時難屢得，嘉會不可常。
　　　天地無終極，人命若朝霜。
　　　願得展嬿婉，我友之朔方。
　　　親昵並集送，置酒此河陽。
　　　中饋豈獨薄，賓飲不盡觴。
　　　愛之望若深，豈不愧中腸。
　　　山川阻且遠，別促會日長。
　　　願為比翼鳥，施翮起高翔。

——曹植《送應氏二首》之二

> 游好非少長，一遇盡殷勤。
>
> 信宿酬清話，益復知爲親。
>
> 去歲家南里，薄作少時鄰。
>
> 負杖肆游從，淹留忘宵晨。
>
> 語默自殊勢，亦知當乖分。
>
> 未謂事已及，興言在茲春。
>
> 飄飄西來風，悠悠東去雲。
>
> 山川千里外，言笑難爲因。
>
> 良才不隱世，江湖多賤貧。
>
> 脱有經過便，念來存故人。

——陶淵明《與殷晉安別》

曹詩不僅從正面直抒惜別之情，而且將它融化在「清時」難得、「嘉會」難再的興嘆中，貫注在舉觴痛飲、飲少輒醉的場面內，包蘊在比翼齊飛、永不分離的希冀裡。陶詩中也有直抒惜別之情的筆墨，如「山川千里外，言笑難爲因」等，但更多的筆墨卻用來追懷昔日情誼。從徹夜清談到結鄰而居再到負杖同遊，那一幕幕動人情景，無不娓娓道來。這是因爲，追懷之烈，正見出惜別之深。結句看似漫不經心的寄語，實則亦可觸摸到作者對他日重逢的希冀，而希冀之烈，同樣見出惜別之深。當然，與內容相若的唐詩宋詞相比，這兩篇作品在藝術上未免稍稍顯得粗糙了些，但與其說這是作者本人功力不足所致，毋如說這是別離文學發展過程中必然出現的現象。魏晉時期，別離文學雖已漸趨成熟，但其藝術形式與藝術手法終究不及唐宋時期繁富與工巧。如果想到曹植和陶淵明已是整個魏晉南北朝時期享譽最高的作家，對此也就不難理解了。不妨再看兩首唐詩：

　　　醉別江樓橘柚香，江風引雨入舟涼。

　　　憶君遙在瀟湘月，愁聽清猿夢裡長。

　　　　　　　──王昌齡《送魏二》

　　　山中相送罷，日暮掩柴扉。

　　　春草明年綠，王孫歸不歸。

　　　　　　　──王維《山中送別》

篇幅比曹、陶詩要短小得多，但所包蘊的情感內涵卻似更爲深廣，而謀篇布局與役景造境的技巧更非曹、陶詩所能望其項背（當然，這並不意味著二王比曹、陶高明，因爲他們立足於不同的時代基點）。王昌齡詩劈頭一個「醉」字，暗示「酒深情亦深」。次句以「涼」字煞尾，兼寫其身之所感與心之所感：「涼」，既是風雨所致，也是別離使然。後兩句將眼前情景推開，以「憶」字勾勒，懸想（「憶」者，遙想、懸想也。）友人別後泊舟瀟湘之上，雖然風散雨收，卻只有一輪明月相伴；景況如此淒清，只怕難以入夢；縱然暫時入夢，兩岸清猿的聲聲長啼也會闖入他的夢境，攪起他的繚亂愁緒。這一虛擬之筆，粗看，只是「道伊旅況愁寂而已，」細思，則「惜別之情自寓」（見《唐詩絕句類選》敖英評）。所以，明人陸時雍《詩鏡總論》評曰：「代爲之思，其情更遠。」王維詩所選擇的著墨點與一般的送別詩全然不同：題爲「山中送別」，卻用一個「罷」字，將共飲離杯的場面和殷殷話別的情景俱作暗場處理。待得作者在詩中亮相，已是早已「送罷」的「日暮」時分了。「日暮掩柴扉」。這「掩柴扉」的動作雖然天天重複，但如與白天的送別相聯繫，則顯示出它的深刻寓意：作者實在是想將這昏黯的暮色和比暮色還要昏黯的離愁一並關在柴門之外，從中不難感觸到他那因友人離去而油然生出的寂寞、悵惘之情。「春草明年綠，王孫歸不歸」，乃由《楚辭·招隱士》

中的「王孫游兮不歸，春草生兮萋萋」化來。照理，「歸不歸」
的問題應當在送別之際向友人提出，而這裡作者卻有意識地讓它
成為一個直到日暮掩扉之時還盤旋在腦海裡的懸念。這正說明，
它不是送別時的庸俗的套話，而是送別後作者那依依惜別之情的
自然流露：作者既盼友人早歸，又怕友人不歸，這就難免始終為
「歸不歸」的問題而牽腸掛肚了。選擇這樣的著墨點來抒寫惜別
之情，當然體現了作者的藝術匠心。不過，對此充分加以肯定，
並不是說，只有選擇如此迂曲的著墨點，才是抒寫惜別之情的唯
一有效途徑，而只是重複一句老話：不管選擇哪一種著墨點，只
要能獨運靈光，都可以將惜別之情表現得既濃且深。事實上，一
些並非著墨於送別後，而落筆於送別時的唐詩名篇也同樣有悠長
的情韻，如岑參《白雪歌送武判官歸京》末四句有云：

> 輪台東門送君去，去時雪滿天山路。
>
> 山回路轉不見君，雪上空留馬行處。

大雪封山，歸途若何？對友人的無限關切從「雪滿」二字中透出；
路轉峰回，友人漸去漸遠，身影終於消失在漫天風雪中，而作者
卻仍在佇立悵望，不忍離去。這不是「惜別」，又是什麼？可以
說，作者所見是「雪滿天山路」，讀者所感則是「情滿天山路」。

　　在描寫友朋友之別的作品中，別離的雙方大多是心心相印、
息息相通、友情歷久彌篤的道義之交。但也有一開始志趣相投、
後來卻因「道不同，不相為謀」者。前一種情形，如唐代的劉禹
錫與柳宗元：劉、柳既同年及第，又志同道合。生當國運已頹、
國勢日殆的中唐之世，為了抑制藩鎮、打擊宦官、中興大唐，胸
懷「輔時濟世」之志的劉、柳積極參與「永貞革新」，成為王叔
文政治革新集團的中堅力量。但這場具有歷史進步意義的革新運
動，由於時代條件的限制，卻以失敗而告終。於是，劉、柳與其

他一些革新志士便都被貶爲遠州司馬。這就是歷史上著名的「八司馬」事件。「既貶，制有逢恩不原之念」（《舊唐書‧劉禹錫傳》）。直到十年後，劉、柳才重新被召回京城。但隨即又因劉禹錫《元和十年自朗州承召至京戲贈看花諸君子》一詩「語涉譏刺，執政不悅」，而分別被貶爲播州刺史和柳州刺史，「官雖進而地益遠。」播州爲古夜郎，荒僻至極，而劉的老母當時已屆風燭殘年，殊難適應彼地的生活。在這危難之際，柳宗元毅然決定上疏唐憲宗，「願以柳易播」，（韓愈《柳子厚墓志銘》）。幸得同情劉、柳境遇的御史中丞裴度出面陳情，憲宗才因「恐傷孝理之風」，收回成命，改貶劉爲連州刺史。這簡直是十年前那一幕的重演。懷著一腔悲憤，劉、柳開始了人生旅途上的又一次艱難跋涉。「行行重行行，與君生別離」。行抵衡陽，他們不得不揮淚作別。臨別之際，兩人三度以詩唱酬：

> 十年憔悴到秦京，誰料翻爲嶺外行。
>
> 伏波故道風煙在，翁仲遺墟草樹平。
>
> 直以慵疏招物議，休將文字占時名。
>
> 今朝不用臨河別，垂淚千行便濯纓。
>
> 　　　　——柳宗元《衡陽與夢得分路贈別》

> 去國十年同赴召，渡湘千里又分岐。
>
> 重臨事異黃丞相，三黜名慚柳士師。
>
> 歸目並隨回雁盡，愁腸正遇斷猿時。
>
> 桂江東過連山下，相望長吟有所思。
>
> 　　　　——劉禹錫《再授連州至衡陽酬柳柳州贈別》

> 二十年來萬事同，今朝臨岐忽西東。
>
> 皇恩若許歸田去，晚歲當爲鄰舍翁。
>
> 　　　　——柳宗元《重別夢得》

弱冠同懷長者憂，臨岐回想盡悠悠。

耦耕若便遺身老，黃髮相看萬事休。

──劉禹錫《重答柳柳州》

信書成自誤，經事漸知非。

今日臨岐別，何日待汝歸？

──柳宗元《三贈劉員外》

年方伯玉早，恨以四愁多。

會待休車騎，相隨出蔚羅。

──劉禹錫《答柳子厚》

別離，本身已令人不堪；而劉、柳除尋常的離愁別恨外，還多一層理想受挫、壯志成空的憂憤，這就不免十分感傷，又添十分。但贈答詩中雖然也有別淚漣漣，卻並不過多地作感傷語、酸楚態。他們一起回顧了友誼的形成與發展過程：柳云「二十年來萬事同」，劉云「弱冠同懷長者憂」，這兩個「同」字，正是形成並發展友誼的基礎。而友情的深長，又恰好襯托出別情的深長。他們也都傾吐了晚年結鄰而居、生死與共的心願，這當是因別離在即而試圖給孤身遠行的友人以一個向往，一點安慰。自然，他們也都致力於刻劃眼前景（如劉詩中的「歸目」二句，柳詩中的「伏波」二句），以眼前景寫照和烘托心中情，申足囊括在詩題裡的「別」意。「今朝臨岐忽西東」，「臨岐回想盡悠悠」，他們是多麼珍惜和留戀臨岐時這最後一刻的相聚啊！讀罷掩卷，他們臨岐執手、相對泣然的情景宛然在目。五年後，當劉禹錫重新來到衡陽握別之處時，柳宗元已病卒於柳州貶所。於是，劉禹錫又一次深情地回憶起當年臨岐執手的情景：「憶昨與故人，湘江岸頭別。我馬映林嘶，君帆轉山滅。馬嘶循古道，帆滅如流電。千里江蘺春，故人今不見」（《重至衡陽傷柳儀曹》）。

　　後一種情形，如漢代的蘇武與李陵：蘇武以中郎將出使匈奴，被匈奴扣留十九年之久，這期間受盡迫害、威脅、利誘，但他始終堅貞不屈。李陵，漢武帝時任騎都尉，出征匈奴，兵敗而降。因為他與蘇武有舊，「單于使陵至海上，為武置酒設樂」（班固《漢書・蘇武傳》），意欲勸其歸順。結果，理所當然地受到蘇武義正辭嚴的拒絕。「陵見其至誠，喟然嘆曰：『嗟乎，義士。……』因泣下沾衿，與武決去。」（同上）後來，匈奴與漢朝和親，蘇武得到歸漢的機會，李陵聞訊趕來為之送行。這一獨特的別離場面被生動地記錄在班固的《漢書・蘇武傳》中：

> 於是李陵置酒賀武曰：「今足下還歸，揚名於匈奴，功顯於漢家。雖古竹帛所載，丹青所畫，何以過子卿（按，蘇武字子卿）？陵雖駑怯，令漢且貰陵罪，全其老母，使得奮大辱之積志，庶幾乎曹柯之盟，此陵宿昔之所不忘也！收族陵家，為世大戮，陵尚復何顧乎？已矣，令子卿知吾心耳！異域之人，一別長絕！」陵起舞，歌曰：「徑萬里兮度沙幕，為君將兮奮匈奴。路窮絕兮矢刃摧，士眾滅兮名已隤；老母已死，雖欲報恩將安歸」！陵泣下數行，因與武訣。

　　讀了這段文字，真讓人「別是一番滋味在心頭」。李陵投降匈奴，主觀上是因為貪生怕死，其本人當然難辭其咎，但朝廷也負有一定責任。李陵是漢代名將李廣之孫，原本驍勇善戰。據司馬遷《史記・李將軍列傳》載，在那一戰鬥中，「單于以兵八萬圍擊陵軍。陵軍五千人，兵矢既盡，士卒死者過半，而所殺匈奴亦萬餘人。且引且戰，連鬥八日」，終因「食乏而救兵不到」導致全軍覆沒。在這種情況下，李陵才接受了匈奴的招降。也就是說，如果他能及時得到增援，後來的一切便全都不會發生。當此

與舊友訣別之際，對於李陵來說，往事歷歷在目。一方面，對照蘇武「威武不能屈，貧賤不能移，富貴不能淫」的高風亮節，他不免為自己腆顏事敵、忍辱偷生而真誠地愧悔；另一方面，他又對朝廷株殺其家族的冷酷無情做法滿懷怨憤，他所說的「令漢且貰陵罪」云云，雖然不無為自己開脫之意，但也未嘗不是他當初的真實想法；除此而外，舊友蘇武的得返故國，也不能不勾起他的惜別之情和思鄉之念。這樣，他此時真是百感交集，根觸萬端。終於，所有的根觸都化為「沉痛迫中腸」的歌聲和數行滾燙的淚水——這「淚」，既是悔恨、怨憤之淚，也是惜別、思鄉之淚。如此這般的友朋之別，誰又能否認它別饒一種撼人心魄的藝術力量呢？「暮年詩賦動鄉關」的北周詩人庾信曾經將這一別離場面與燕太子丹送別荊軻的場面相提並論：「秋風別蘇武，寒水送荊軻」（《擬詠懷詩》）。

或許，還應當補充一種情形，那便是別離的雙方分屬於兩個不同的國度，是所謂「異域知音。」在對外文化交流極為頻繁的唐代，這種情形較為普遍。如盛唐時，日本遣唐使藤原清河及留學生晁衡（即阿倍仲麻呂）辭唐歸國，就有李白、王維、儲光羲、劉長卿等著名詩人賦詩送別；中、晚唐時，日本僧最澄、空海（即《文鏡秘府論》的作者遍照金剛）、圓載、圓仁、圓珍等回國，也有孟光、毛渙、崔曇、全濟時，朱千乘、朱少端、皮日休、陸龜蒙等詩人賦詩送別。不僅如此，連唐玄宗李隆基也寫有《送日本使》詩。就中，以王維的《送秘書晁監還日本國》最為膾炙人口：

> 積水不可極，安知滄海東；
> 九州何處遠？萬里若乘空。
> 向國惟看日，歸帆但信風。

> 鼇身映天黑，魚眼射波紅。
>
> 鄉樹扶桑外，主人孤島中。
>
> 別離方異域，音信若爲通。

起筆極寫大海的遼闊無垠和日本的渺遠難即，在深沉的慨嘆中寄寓了對友人歸途安危的關切。接著以避實就虛的筆法，想像友人渡海的情景，不言艱難與憂慮，而艱難之狀、憂慮之情自見。最後感嘆友人平安歸國後天各一方、音訊難通，進一步突出了依依惜別的情懷。因此，歷來把它視爲一首至精至誠的中日友誼之歌。

第五節 「慈母眼中血，未乾同兩乳」
——哀傷愁苦的骨肉之別

所謂「骨肉之別」，意味著別離的雙方之間有著與生俱來、難以割捨的親緣關係。唯其如此，在敬人倫、重孝親的中國古代社會裡，這種類型的別離往往帶有更濃重的感傷色彩，分外令人感到揪心裂肺。可以說，較之友朋之別，它有其深婉，而少其沉著；較之情侶之別，它無其纏綿，卻增其悽惻。且看建安女作家蔡琰筆下的骨肉之別是多麼哀傷、愁苦：

> 邂逅徼時願，骨肉來迎己。
>
> 己得自解免，當復棄兒子。
>
> 天屬綴人心，念別無會期。
>
> 存亡永乖隔，不忍與之辭。
>
> 兒前抱我頸，問母「欲何之？
>
> 人言母當去，豈復有還時？
>
> 阿母常仁惻，今何更不慈？
>
> 我尚未成人，奈何不顧思」？

　　見此崩五內，恍惚生狂癡。

　　號泣手撫摩，當發復回疑。

　　兼有同時輩，相送告離別。

　　慕我獨得歸，哀叫聲摧裂。

　　馬為立踟躕，車為不轉轍。

　　觀者皆歔欷，行路亦嗚咽……

——《悲憤詩》

　　蔡琰，字文姬，是中國文學史上不可多得的女作家之一，享譽之盛，或許僅次於宋代自號易安居士的李清照。儘管她博學多才，命運卻極為坎坷：初適河東衛仲道，而衛早死，這已屬不幸；但更不幸的還是戰亂中被匈奴軍隊擄去，淪為左賢王妾，流落邊荒十二年，並生下兩個兒子。「邊荒與華異，人俗少義理。」在這受盡侮辱和損害的十二年裡，她無時不盼望著重返家鄉；然而當曹操感念與她父親蔡邕的舊誼，派人前來贖取她歸漢時，面對這日思夜夢、千載難逢的返鄉良機，她卻又猶豫了，因為殘酷的現實正逼迫她進行最痛苦的選擇：「己得自解免，當復棄兒子。」這就是說，要歸漢、返鄉，就必須捨棄自己的親身骨肉，割斷世間所有親屬關係中最堅固、最深厚的母子關係。還有什麼代價能比這更慘重呢？想到一去便「存亡永乖隔」，縱然她思歸情切，又怎麼忍心率爾獨去？而更讓她悲痛欲絕的是兒子竟那麼懂事，他們抱住她的脖頸所說的那番字字血、聲聲淚的話語，即使是鐵石心腸也將被感化，何況用心血餵養大他們的作者呢？於是，她如痴如狂地撫摩著兒子的淚臉，放聲痛哭，哀感天地——豈止天地為其所感，連無知的車馬也不勝同情地觀看著這慘絕人寰的別離場面而「踟躕」不前。北宋詞人晏幾道有句：「漸寫到別來，此情深處，紅箋為無色」（《思遠人》）。不難想像，當蔡琰用

纖細的詩筆再現這母子別離的場面時，揮洒在紙上的決不僅僅是
墨水──墨水中還摻和著殷紅的熱血。正是這流自她早已無淚可
流的眼眶和碎成齏粉的愛心的熱血，使「紅箋」為之黯然失色。
在相傳也是蔡琰所作的《胡笳十八拍》中，也有母子別離情景的
描寫：「一步一遠兮足難移，魂消影絕兮恩愛遺。十有三拍兮弦
急調悲，肝腸攪刺兮人莫我知」，「十六拍兮思茫茫，我與兒兮
各一方。日東月西兮徒相望，不得相隨兮空斷腸。對萱草兮憂不
忘，彈鳴琴兮情何傷。今別子兮歸故鄉，舊怨平兮新怨長。泣血
仰頭兮訴蒼蒼，胡為生兮獨罹此殃。」誠然，《胡笳十八拍》的
著作權能否歸於蔡琰，目前尚難遽斷，但即使它不是出自蔡琰之
筆，也無損於它本身的藝術價值。將它與《悲憤詩》相參讀，可
以更深一層地觸摸到蔡琰別子歸漢時矛盾之極、痛苦之極的心態。

　　描寫骨肉之別的作品，大多採用第一人稱，這意味著作者本
身便是別離的一方，將直接在別離場面中亮相。但也有的採用第
三人稱。這則意味著作者只是別離場面的旁觀者──當然是充滿
同情心和愛憐感的旁觀者。清代詩人陸次雲的《出門二首》之一
屬於前一種情形：

　　　　堂上有慈親，身外無昆季。
　　　　承歡賴妻賢，委之以為弟。
　　　　弱女方四齡，初知離別意。
　　　　恐其牽袂啼，深傷游子緒。
　　　　乘彼睡未醒，溫存加絮被。
　　　　拜母不能言，揖妻交重寄。
　　　　此際心欲摧，出門方隕涕。

上有老母，下有弱女，一旦離家，生活的重擔便全部落在妻子的
肩上。不用說，作者的內心這時是十分愁苦的。但他卻硬是克制

著不讓淚水在辭別母、妻時掉落下來。「拜母不能言」，既是因為心緒煩亂，不知說什麼才好，也是因為擔心一開口便會發出哽咽之聲。「揖妻交重寄」，這長長的一揖，表達了對妻子的囑托、感激、信賴及深深的惜別之情，更勝過千言萬語。而對「初知離別意」的弱女，作者則將一個父親的全部的愛都傾注在替她「溫存加絮被」這一細小的動作裡。直到走出家門，他才任憑涕淚交流。作者若此，其母、其妻別離時又該如何哀傷？也就不難想見了。屬於後一種情形的例子有南朝詩人何遜的《見征人分別》：

　　淒淒日暮時，親賓俱佇立。

　　征人拔劍起，兒女牽衣啼。

　　候騎出蕭關，追兵赴馬邑。

　　且當橫行去，誰論裹屍入。

在那個分裂、動亂的時代，每年都有無數良家子弟被迫應征，奔赴沙場，從而將千千萬萬個家庭帶入別離的哀傷與愁苦中。詩中所描繪的是作者親身目睹的一幕：夕陽西沉，暮色昏暗。在與佇立在身邊的「親賓」久久地、深深地對望了一眼之後，征人毅然拔劍而起，準備登程。但尚不知抑制悲痛的小兒女這時卻牽住他的衣服泣不成聲，從而不免使他欲行又止、觸目成愁。當然，詩的後兩句故作壯語，給原先悲劇色彩極濃的別離場面抹上了一點亮色。但這明顯是作者硬加上去的尾巴，與作品的氛圍並不和諧。

　　毫無疑問，骨肉相別的情景絕大多數是哀傷的、愁苦的，但偶而也有雖然哀傷、愁苦，卻深蘊氣骨、不失壯心者，如《吳越春秋》卷六《勾踐伐吳外傳第十》中的一段描述：

　　國人各送其子弟於郊境之上，軍士各與父兄昆弟取訣，國人悲哀，皆作離別相去之辭曰：「……道佑有德兮吳卒自屠，雪我王宿恥兮威振八都，軍伍難更兮勢如貔貅，行行

各努力兮於乎於乎」。於是觀者莫不悽惻。

經過多年的厲兵秣馬,越王勾踐自覺實力已足以與吳國相抗衡,便決定率師伐吳,以洗雪前恥。對於越國的百姓來說,將自己的骨肉同胞送上戰場,當然會產生生離死別之恨;但他們又深深地懂得這是一場保家衛國之戰,爲了維護民族的尊嚴,他們甘願作出任何犧牲。這樣,骨肉相別的哀傷和愁苦,便爲一種同仇敵愾的壯烈情懷所沖淡。他們所作的「離別相去之辭」,雖也帶有抑鬱、感傷和與骨肉同胞的惜別之情,但更多的卻是正義的復仇的呼聲和希望子弟各自努力、手刃寇仇的熾熱的衷腸,以及吳亡越興、敵敗我勝的高度的民族自信心。「觀者莫不悽惻」,既是傷其骨肉分離,也是感其深明大義。

考察有關骨肉之別的作品,母子之別似乎是一個描寫的熱點。這大概因爲母子關係乃人倫之常,感人既深,移人亦遠。如:

> 慈母手中線,遊子身上衣。
>
> 臨行密密縫,意恐遲遲歸。
>
> 誰言寸草心,報得三春暉。
>
> ——唐·孟郊《遊子吟》
>
> 搴幃別母河梁去,白髮愁看淚眼枯。
>
> 慘慘柴門風雪夜,此時有子不如無。
>
> ——清·黃景仁《別老母》
>
> 慈親起送我,語好顏色淒。
>
> 愛我不便哭,願我平安歸。
>
> ——清·高其倬《行役曉發》
>
> ……出門無所見,白骨蔽平原。
>
> 路有飢婦人,抱子棄草間。
>
> 顧聞號泣聲,揮涕獨不還。

「未知身死處，何能兩相完？」

驅馬棄之去，不忍聽此言……。

　　　　　　　──魏・王粲《七哀詩》

這四篇作品描寫的角度各有不同，但反映在其中的母子惜別的深情卻是相同的。孟詩著墨於臨別前夕母親爲他縫製寒衣的情景。「兒行千里母擔憂」。這位老母親當然希望兒子能長久地生活在自己身邊，如今兒子即將遠行，不用說非其所願。因年邁力衰，她無法與兒子同行；而貧寒的家境也不允許她爲兒子準備充足的行裝。她只能把自己全部的慈愛、全部的繫念都傾注在細細密密的一針一線上。儘管老眼已經昏花了，雙手也遠不及當年那樣好使喚了，她卻仍然專注地、執著地飛針走線，試圖把兒子的寒衣縫製得更加結實一點──這想來是怕兒子遲遲難歸吧？作者既不描寫這位老母親的眼淚，也不轉述她的話語，而僅用白描手法展示了她的動作和意態，但慈母的惜別深情卻正從這普通的動作和意態中流溢而出，喚起每一個讀者所身歷的慈母縫衣一類動人情景的親切聯想和深摯憶念。正所謂「此時無淚勝有淚」，「此時無語勝有語」。儘管常年顛沛流離、居無定所，但臨別前那扣人心弦、感人肺腑的情景卻一直銘刻在作者的記憶裡，以至在篇末吟出「誰言寸草心，報得三春暉」這充滿感恩之情的千古名句。黃詩則直接寫到了慈母的「白髮」與「淚眼」。「淚眼枯」，說明慈母淚曾一流再流，終趨於枯竭。這固然是傳神的筆墨，但終究屬於前人的創造，有落入窠臼之嫌。如果黃詩止筆於此，也就無足稱道了。所幸後兩句能另闢蹊徑：從別時一下子跳躍到別後，懸想慈母在風雪之夜裡孤獨無依、飢寒交迫的淒慘情狀。「柴門」，點出其家境的貧寒，而有道是「貧裡辭家更覺難」（金・元好問《羊腸坂》）。難就難在辭家後全家生計無著。作者只落筆於慈

母，但由慈母的「淚眼」及別後的懸想，卻不難推知作者自己別
母時又該怎樣摧徹中腸。高詩用筆又與此不同：詩中的慈母雖然
內心充滿哀傷與愁苦，但爲了不致影響兒子的情緒，她卻硬將淚
水咽下肚去，只用好話來安慰他，不過，那怎麼也掩飾不住的凄
容，還是泄露了眞情。而兒子當然深諳母親的苦心，只好佯作不
察，配合她把這齣眞眞假假的人間悲喜劇演下去。「願我平安歸」，
「平安」二字，正是母親的最大憂念和最大願望之所在，見出她
對兒子別無功名利祿之奢求，只要他能平安歸來，就足以告慰她
那顆慈母的愛心了。其實，又豈止是這位母親抱著這樣的意願呢？
在中國古代，幾乎所有的遊子在臨當登程前，他們的親人都要以
「平安」二字相囑。明代詩人王世貞《送妻弟魏生還里》一詩即
云：「阿妹扶床泣，諸甥繞膝啼；平安只兩字，莫惜過江題」。
而遊子們也都銘記著親人的囑咐，及時以「平安」二字相報。唐
代詩人岑參《逢入京使》一詩即云：「故園東望路漫漫，雙袖龍
鐘淚不乾。馬上相逢無紙筆，憑君傳語報平安」。明乎此，由這
裡淡淡的一句「願我平安歸」當可產生豐富的聯想。如果說孟詩、
黃詩及高詩所抒寫的都是當事者的親身感受的話，那麼王詩所展
現的則是一個旁觀者眼中的母子訣別的慘劇了。「抱子棄草間」
這一不可思議的舉動發生在「飢婦人」身上，自有她的理由，那
理由便是微風依稀傳來的她的訣別之辭：「未知身死處，何能兩
相完」。這既像是解釋，又像是哀嘆，更像是控訴。唯因她深知
孩子跟著自己只有轉死溝壑這一條路，與其眼睜睜地看著他凍餒
而死，還不如早作決斷，棄之草間——或許他命不該絕、被好心
人救去也未可知。所以，儘管她轉過身時聽到了孩子的號哭聲，
但在猶豫了一陣以後，她卻還是淚流滿面地拖著疲憊的腳步緩緩
離去了。結局如何，作者沒有寫，但我們卻不難想像這對母子瘦

弱的血肉之軀將化作莽莽平原上的無主白骨；反過來推想一下，在那「蔽平原」的「白骨」裡，又該包含著多少這樣的母子的遭遇啊！如果撇開它所具有的深刻的社會意義，就別離而論別離，那麼，其情景的凄慘程度，或許只有蔡琰的《悲憤詩》差可比並。

除母子之別外，較常見的還有兄弟（包括姐弟、兄妹等）之別。其情形較母子之別要稍稍通達些、沉著些，儘管也時作哀傷之語、愁苦之音。如：

> 不飲胡為醉兀兀，此心已逐歸鞍發。
> 歸人猶自念庭幃，今我何以慰寂寞。
> 登高回首坡壠隔，但見烏帽出復沒。
> 苦寒念爾衣裘薄，獨騎瘦馬踏殘月。
> 踏人行歌居人樂，童僕怪我苦凄惻。
> 亦知人生要有別，但恐歲月去飄忽。
> 寒燈相對記疇昔，夜雨何時聽蕭瑟；
> 君知此意不可忘，慎勿苦愛高官職。
>
> ——宋·蘇軾《辛丑十一月十九日既與子由別於
> 鄭州西門之外，馬上賦詩一篇寄之》

> 鬱鬱河邊樹，青青野田草。
> 捨我故鄉客，將適萬里道。
> 妻子牽衣袂，抆淚霑懷抱。
> 還附幼童子，顧托兄與嫂。
> 辭訣未及終，嚴駕一何早。
> 負笮引文舟，飢渴常不飽。
> 誰令爾貧賤，咨嗟何所道。
>
> ——魏·曹丕《見挽船士兄弟辭別詩》

初報邊烽照石頭，旋聞胡馬集瓜州。

諸公誰聽芻蕘策，吾輩空懷畎畝憂。

急雨打窗心共碎，危樓望遠涕俱流。

豈知今日淮南路，亂絮飛 花送客舟。

　　　　　　　　——宋‧陸游《送七兄赴揚州帥幕》

蘇詩中的「子由」，指他的弟弟蘇轍。《宋史‧蘇轍傳》稱美其兄弟情誼云：「患難之中，友愛彌篤，無少怨尤，近古罕見。」誠然如此。翻檢二家文集，可以看到大量的寄贈對方的傷離恨別及抒寫別後相思之作。而這首詩是其中最早的一篇。不飲而自醉，原因本極明了，那便是因惜別故。作者卻偏要故作不解之辭，使"起句突兀有意味"（清汪師韓《蘇詩選評箋釋》卷一）。接著寫心隨「歸鞍」同去，更將惜別之情和盤托出。而「何以慰寂寞」，則簡直是不堪此番別離的呼號了。再往下「登高」二句又致力刻劃別後回望的情景：一片坡壠遮蔽了他的視野，但見弟弟的「烏帽」時出時沒而已。陳岩肖《庚溪詩話》卷下評曰：「昔人臨岐惜別，回首引望，戀戀不忍遽去而形於詩者，如王摩詰云：『車徒望不見，時見起行塵』；歐陽詹云：『高城已不見，況復城中人』；東坡與其弟子由別云：『登高回首坡壠隔，但見烏帽出復沒。』咸紀行人已遠而故人不復可見，其惜別之意則同也。」這是深具會心之辭。曹詩所表現的是「挽船士」兄弟之間的別離場面（其中雖然也寫到妻哭兒啼，但其主要著墨點卻不是夫婦之別或父子之別。），觀其詩題即可了然。此去蓬飄萬里，歸期難必，最令「挽船士」擔心的是以妻子一人之力，無法撫養幼子長成。因此，在與兄嫂辭別時，他便鄭重地拜托他們顧念手足之情，對侄兒多加照料。想來雙方當時都是聲淚俱下。可惜作者對此一筆掠過，沒有作細微的藝術顯影，以致辜負了這頗有生發餘地的題材。而結尾的感嘆也顯得有點飄飄忽忽。相形之下，倒是唐代武

則天當政時一位七歲女童的《送兄》詩更耐人諷詠些：「別路雲初起，離亭葉正飛，所嗟人異雁，不作一行歸。」寥寥二十字，情景相生，物我交融，雖出自七歲女孩手筆，卻已有一番淵峙淳蓄的氣象。陸詩則將報國之情與憂國之念揉入手足間的離愁別恨。詩的前六句追懷往事，寄慨遙深。「芻蕘策」，是作者對自己政見的謙詞（「芻蕘」，本指打草砍柴的人）。作者曾多次向朝廷提出抗金復國的軍事策略和政治措施。然而，袞袞「諸公」盡皆畏敵如虎，嫉賢如仇，有誰肯聽取他的逆耳忠言呢？他只能徒然地為政局日見危殆而憂心如焚。後兩句折回題意，渲染惜別之情：「亂花飛絮」慨然擔負起送客的使命，含情脈脈地追隨著「七兄」（當是作者的兄輩，其名未詳。）乘坐的小舟，那蹁躚的舞姿，既似表送別之情，又似致挽留之意。其實，多情的與其說是「亂花飛絮」，莫若說是作者自己。作者自己眷眷然不忍就此與七兄別過，卻不從正面說破，而將惜別之情賦予亂花飛絮。於是，亂花飛絮才變得如此深情繾綣。這在描寫兄弟之別的作品中自有其獨到之處。

　　「別方不定，別理千名」。這是江淹在《別賦》中對紛紜複雜的別離現象的總體概括。的確，別離的形式是無限豐富、殆難縷陳的。以上所考察的君臣之別、情侶之別、友朋之別及骨肉之別充其量只是其中的幾種主要形式而已，因此，掛一漏萬幾乎是不可避免的。除此而外的其他別離形式，如辭別鄉國、辭別春天等，也都曾在古代作家筆下得到細致入微的表現。描寫辭別鄉國情景的作品中有屈原的《哀郢》、南齊謝朓的《晚登三山還望京邑》、南宋淮上女的《減字木蘭花》（淮山隱隱）及明代夏完淳的《別雲間》等為人熟知的名篇，無須多說；即以辭別春天這一看似難以馳騁才情的形式而言，也是精品迭見，秀作如林。謹以

唐人劉禹錫的《憶江南》為例略加評賞：

> 春去也，多謝洛城人。弱柳從風疑舉袂，叢蘭裛露似沾巾。
> 獨坐亦含嚬。
> 　　　　　　　　　　　　　　　　　　　──《憶江南》

詞以憶春、傷春為基調，首句即漾出一片無可奈何的惜春之情。
姹紫嫣紅的春光即將逝去，而作者生命的春天也早已一去不返。
他有心讓春光長在，卻又無力挽住春天的腳步。「春去也」，在
這貌似平淡的敘述中，融入了幾多嘆惋、幾許惆悵？次句筆鋒一
轉，復代春天致詞。卻原來春也有情，它既不能久駐，更不忍遽
去，只好深情繾綣地向留戀春光的洛城人殷勤致意。這樣著筆，
就把惜春之情烘托得格外濃烈、格外深長。三、四兩句借助細致
的觀察和豐富的想像，繪就一幅氣韻生動的送春畫面：柔弱的柳
條隨風輕搖，不勝依依，恍如一位妙齡女子正舉手揮袖與春天作
別；而為晶瑩的露水所沾濕的叢蘭則好似這位少女於款款惜別之
際淚灑羅巾。這就將惜春之情又向深處推進了一層：惜春復傷春
的豈只是領略過大好春光的洛陽人，那曾經受到春光滋潤的「弱
柳」和「叢蘭」也因春將歸去而黯然神傷。「木猶如此，人何以
堪。」於是，末句變側面烘托為正面描寫，引出一位「獨坐亦含
嚬」的女子作結。「嚬」，同「顰」，是皺眉的意思。這位女子
之所以獨坐一隅，緊鎖雙眉，自是因為有感於百花萎謝、春意闌
珊的緣故。那日漸逝去的春天的足音，叩響了她那敏感而又脆弱
的心弦，使她情不自禁地生發出韶華易逝、紅顏易老的感嘆。作
者採用「遺貌取神，離形得似」的筆法，不汲汲於對其花容月貌
的精細刻劃，而著重點染其惜春、傷春意緒。「獨坐」，已使人
想見其落寞情懷；「含嚬」，更將其愁態明白點出。一個「嚬」
字，雖然已被古代詩文家用得爛熟，在這裡卻是傳神寫照的詞眼，
它使一篇全活，詞的惜春、傷春主旨藉此披露無遺。

在無限豐富多樣的別離形式中,辭別春天這一形式自然並不屬於地位顯赫的那一類,但卻代有名篇,光景常新。這也從一個小小的側面說明:別離,的確是一個永恆的文學主題。

第二章　別離文學的發展軌跡

第一節　先秦：別離文學的濫觴期

　　別離文學，其源既遠，其流亦長。因此，試圖纖毫畢現地展示別離文學的發展歷程，結果只能徒嘆心餘力拙——目力既弗逮，筆力亦難追。這意味著本章對別離文學發展軌跡的勾勒不僅只能是粗線條式的，而且最終只能掃瞄出其整體的輪廓，於局部的顯微則未必在在逼真。換言之，本章所要致力顯現的只是別離文學的走向與流程，而不是錯落在其走向和流程中的每一片樹葉或每一朵浪花。本乎此，別離文學發展的第一個階段——先秦便成為我們躡跡追蹤的原始目標。

　　先秦，作為別離文學的濫觴期，在一些文學作品中，別離不僅已成為所描寫的中心事件，而且已能使卷入事件的人物產生「黯然銷魂」的情感效應。不過，用以表現這種情感效應的筆墨還簡而又簡，形式也常常失之粗陋，而技巧則更是匱乏。這標誌著別離文學雖已萌生，卻遠未臻於成熟的境地。當然，從總體上說是這樣，並不排除其中的個別作品業已成熟的可能性。如《詩經》中的《邶風·燕燕》：

　　燕燕于飛，差池其羽，之子于歸，遠送于野。瞻望弗及，泣涕如雨！

　　燕燕于飛，頡之頏之。之子于歸，遠于將之。瞻望弗及，佇立如泣；

　　燕燕于飛，上下其音。之子于歸，遠送于南。瞻望弗及，

實勞我心！

仲氏任只，其心塞淵。終溫且惠，淑慎其身。先君之思，
以勖寡人。

這是現存的最早的別離文學作品，故清人王士禛在《分甘餘話》
中稱其爲「萬古送別之祖」。《毛詩序》揭櫫此詩本事及宗旨云：
「《燕燕》，衛莊姜送歸妾也」。這告訴我們此詩的作者是衛莊
姜。對此，歷代研治《詩經》者多無異議，因而大致是可信的。
衛莊姜是齊莊公的女兒，嫁衛莊公，故稱莊姜。其貌既美（《詩
經》中的《衛風‧碩人》便是對她的讚美詩：「手如柔荑，膚如
凝脂。領如蝤蠐，齒如瓠犀，螓首蛾眉。巧笑倩兮！美目盼兮！」），
其人亦賢。惜無子嗣。莊公遂娶厲嬀、戴嬀姐妹爲妾。戴嬀生子
名完，莊姜視爲己出。後來完被立爲太子，繼莊公位，史稱衛桓
公。莊公另有寵妾生子名州吁，驕奢抗命，終致弑桓公而自立爲
衛君。於是，桓公母戴嬀也被遣送回娘家陳國。臨行，莊姜作此
詩爲之送別。這不同於尋常的送別：州吁誅殺桓公，是無道弑有
道，必將使衛國陷於內外交困之境，這引起莊姜的「國愁」；桓
公一直被莊姜當作自己的兒子，他的遇害，自也引起莊姜的「家
恨」；而戴嬀素與莊姜感情融洽，親如異姓姊妹，戴的被逐，必
然又引起莊姜的「離憂」。因此，當莊姜相送於野時，國愁、家
恨、離憂猶如亂麻般交織、纏繞在她心頭，使她詩思遄飛，吟成
這深婉動人的篇章。詩的前三章都以「燕燕于飛」起興。眼前景
物固多，而獨取飛燕入詩，既是爲點明其時正值鶯歌燕舞的芳春
時節，更是想用新燕雙雙飛翔的歡樂反襯自己被迫與戴嬀生離死
別的痛苦，所謂「托物寄興」也。起筆已屬不凡，後續各句亦見
匠心：首章「差池其羽」，謂新燕所飛有前有後；二章「頡之頏
之」謂新燕所舞忽疾忽徐；三章「上下其音」，謂新燕所鳴時高

時低。如此復沓吟詠，正爲強化環境氛圍，從反面映襯和烘托自己與戴嬀行道遲遲、相顧憫默的傷離怨別情景。這種筆法，對於後代那些致力於「情景交煉」的別離文學作品，無疑起了導夫先路的作用。自然，詩中也有直抒胸臆之語，如首章中的「瞻望弗及，泣涕如雨」，二章中的「瞻望弗及，佇立以泣」，三章中的「瞻望弗及，實勞我心」，亦極一唱三嘆之致。作者深情地目送著戴嬀的車駕漸去漸遠，儘管它已經消失在淚光難以照及的地方，作者卻仍佇望於野外，迷離恍惚，若不勝致——這又成爲後代送別詩詞難以擺脫的窠臼。南朝何遜《贈韋記室黯別》中的「去帆若不見，試望白雲中」，唐代王維《齊州送祖三》中的「解纜君已遙，望君猶佇立」，岑參《白雪歌送武判官歸京》中的「山回路轉不見君，雪上空留馬行處」，李白《黃鶴樓送孟浩然之廣陵》中的「孤帆遠影碧空盡，惟見長江天際流」等，都濫觴於此。第四章補敘作者爲何對戴嬀懷有惜別深情：她心地善良而又誠實，性格溫和而又深沉，因此，「先君」（衛莊公）一直希望我們能同心協力。既然如此，戴嬀的被逐，就不能不使作者黯然神傷了。這裡，不僅稱美了戴嬀其人，作者自己的精神面貌也躍然紙上，呼之欲出。《朱子語類》褒獎此詩「譬如畫工一般，直是寫得他精神出」。想必有鑑於此。其實，激賞此詩的又豈只朱熹而已？清人王士禛在《分甘餘話》中既云：「《燕燕》之詩，許彥周以爲可泣鬼神。合本事觀之，家國興亡之感，傷逝懷舊之情，盡在阿堵中」。在《池北偶談》中復云：「予六、七歲，始入鄉塾受《詩》，誦至《燕燕》、《綠衣》等篇，覺根觸欲涕，不自知所以然。稍長，遂頗悟興觀群怨之旨」。能使平生少許可的漁陽先生如此推崇，其藝術魅力也就可想而知了。

　　確實，像《邶風‧燕燕》這樣的作品，已達到內容與形式的

高度統一，即使與別離文學成熟期的優秀之作相比，也毫無愧色。
遺憾的是，在當時它畢竟只是一個孤立的（甚至可以說是偶然的）
存在，猶如空谷足音，雖然將經久不絕的聲波擴散到無垠的時空，
但在彼時彼境，卻未能引起普遍的強烈的共鳴與回響。細繹「詩
三百」，除了《邶風‧燕燕》外，或許只有《秦風‧渭陽》可以
視為嚴格意義上的別離文學作品：

> 我送舅氏，回至渭陽。何以贈之？路車乘黃。

> 我送舅氏，悠悠我思。何以贈之？瓊瑰玉佩。

全詩凡二章。舊說乃秦康公送別舅氏之作。起筆便揭出一個
「送」字。這種開門見山、單刀直入的寫法，較之《邶風‧燕燕》
的托物起興，雖然減卻了含蓄的韻味，卻也不失為一格。「送至
渭陽」，直敘其事而深情自見：不難想像，作者送了一程又一程，
直至渭水之北，猶不忍與舅氏分袂。「悠悠我思」，此「思」當
然是指剪不斷，理還亂的離思。思悠悠，恨亦悠悠。但所思者何？
所恨者何？作者卻一筆掠過，不予明言，端的是惜墨如金。章末
收筆於贈物，「是送之有所思，而以所佩贈之」（薛應旂《傳說
匯纂》），故正與悠悠離思相關合。全詩始終粘著於別離主題，
絕無枝蔓橫逸而出。唯其如此，我們才將它視為嚴格意義上的別
離文學作品。但它并不是成熟的、無可挑剔的別離文學作品。這
倒不是因為它篇幅簡短，而是因為它用筆過於平直，缺乏象外之
致和味外之旨。

應該說，在《詩經》這部我國最早的詩歌總集中，通篇圍繞
別離來鋪展筆墨的固然只有《邶風‧燕燕》與《秦風‧渭陽》二
篇，但有關別離的直接或間接描寫卻並不鮮見，其中，有的還頗
為工巧，乃至被後人奉為圭臬。如：

> 綿綿葛藟，在河之滸。終遠兄弟，謂他人父。謂他人父？

亦莫我顧。

綿綿葛藟，在河之涘。終遠兄弟，謂他人母。謂他人母？

亦莫我有。

綿綿葛藟，在河之漘。終遠兄弟，謂他人昆。謂他人昆？

亦莫我聞。

——《王風·葛藟》

彼采葛兮，一日不見，如三月兮；

彼采蕭兮，一日不見，如三秋兮；

彼采艾兮，一日不見，如三歲兮；

——《王風·采葛》

陟彼岵兮，瞻望父兮。父曰：「嗟！予子行役，夙夜無已。

上慎旃哉，猶來無止！」

陟彼屺兮，瞻望母兮。母曰：「嗟！予季行役，夙夜無寐。

上慎旃哉，猶來無棄！」

陟彼岡兮，瞻望兄兮。兄曰：「嗟！予弟行役，夙夜必偕。

上慎旃哉，猶來無死！」

——《魏風·陟岵》

……送子涉淇，至於頓丘。匪我愆期，子無良媒。將子無

怒，秋以為期。

乘彼垝垣，以望復關。不見復關，泣涕漣漣。既見復關，

載笑載言……

——《衛風·氓》

……昔我往矣，楊柳依依。今我來思，雨雪霏霏。行道遲

遲，載渴載飢。我心傷悲，莫知我哀。

——《小雅·采薇》

……昔我往矣，日月方除。曷云其還？歲聿云莫……

——《小雅·小明》

……秋日淒淒，百卉具腓。亂離瘼矣，爰其適歸……

——《小雅·四月》

……終風且霾，惠然肯來。莫往莫來，悠悠我思……

——《邶風·終風》

……瞻彼日月，悠悠我思。道之云遠，曷云能來……

——《邶風·雄雉》

……行道遲遲，中心有違。不遠伊邇，薄送我畿……

——《邶風·谷風》

《王風·葛藟》是一首流浪者之歌。朱熹《詩集傳》認爲：「世衰民散，有去其鄉里家族而流離失所者，作此詩以自嘆。」這就是說，其自嘆者乃離鄉背親、孤身遠行也。而事實上，作者所抒寫的也正是辭別親人、故鄉後獨自浪跡天涯、乞食「他人」的屈辱與憂傷。這已切近別離主題的邊緣。「終遠兄弟」一句重複至三，雖是當時習見的章法，卻也流露了作者欲與兄弟團聚而不可得的苦悶。因此，如從寬泛的意義上著眼，可以將它看作別離文學的一種變格。《王風·采葛》用誇張手法極寫作者渴望與別離未久的情侶重續歡會的迫切心情，內容與形式都十分抽象化。說它是表現相思主題固然更爲合適，但說它是揭示別離主題亦無生硬之處。其中，「一日不見，如三秋兮」屢爲後代詩詞家所變相襲用。《魏風·涉岵》是一位正在服役的青年男子唱出的深情的思親曲。《毛詩序》云：「孝子行役，思念父母也。國迫而數侵削，役乎大國，父母兄弟離散，而作是詩也」。這似非穿鑿之論。作者是善於馳騁其想像力的：當他爲思親之情所驅遣、登上高岡、瞻望親人，卻因山長水闊、視線難及而徒然模糊了一雙淚眼時，便轉而想像起親人的「念己祝己之詞」。於是，在他腦海裡依次

映現出父親、母親及兄長殷殷寄囑的情景——囑咐他勤勉而又謹慎地服役，爭取早日歸來。這與其說是作者的幻覺，莫若說是對臨別時那銘心刻骨的情景的追憶。《衛風·氓》中的兩個片斷，一寫抒情女主人公送別氓的場面：儘管從一開始她便覺察到氓的不懷好意（"匪來貿絲，來即我謀"），卻還是被他的花言巧語所迷惑，不僅執手相送，情意綿綿，而且臨別前私許終身，囑其秋日前來迎娶，以致後來自食苦果，徒遭離棄。另一寫抒情女主人公別後對氓的系念之深：未見氓時，珠淚滾滾；既見氓時，歡歌笑語（「復關」釋義，眾說紛紜，多釋爲「氓」所居之地。此處乃以地名指代氓。）這正是「女之耽兮，不可說也」的明證。當然，作品的主題並非抒寫離情別緒，而是表現抒情女主人公遭受遺棄的怨憤和悔恨。《小雅·采薇》寫作者離家時的哀傷和歸家時的歡樂，卻不從正面說破，而純用景物來烘托：離家時，正值陽春三月，「楊柳依依」，既象徵著他的惜別之情，那嫩綠的柳色又反襯出他的晦暗心境；歸家時，則是隆冬時節，那「雨雪霏霏」的陰沉景色又與他久成得歸的歡快的心情形成強烈的反差。因而，王夫之在《薑齋詩話》中把這一片斷標舉爲「以樂景寫哀，以哀景寫樂，則一倍增其哀樂」的範例。《小雅·小明》則通過對離家日期的回憶和歸家日期的預計，曲折地抒發了作者的離愁別恨。至於其他各例，也都涉筆於別離，表明別離作爲一種生命現象在那一時代已日益頻繁地被民間歌手付諸吟詠，儘管它還難得成爲貫穿作品始末的旋律。

　　從《詩經》時代躍遷至《楚辭》時代，詩歌的抒情藝術固然已取得長足的進步，但可惜的是在現有的楚辭作品中並沒有專詠別離的篇章，而只有若干片斷用以抒寫離情別緒。這樣說，也許有人會提出異議：《離騷》一篇，不就是著筆於一個「離」字嗎？

誠然，自從司馬遷在《史記・屈原列傳》中援引劉安的說法，釋「離騷」爲「離憂」後，許多學者都認定「離」就是指別離。如王逸《楚辭章句》即云：「離，別也；騷，愁也。」但實際上所謂「離騷」、「離憂」，如同「勞商」、「牢愁」等一樣，是由雙聲或疊韻字組成的連綿詞，僅僅表示一種抑鬱不平的情感，並不包含別離之意。退一步說，即便「離騷」可以釋爲「離愁」，也決計不能歸之於別離文學之列，因爲其內容雖多少與別離「有染」，主題卻是申述自己遠大的政治理想，傾訴自己橫遭迫害的憤慨。以「離愁」二字來概括一篇宗旨，未免削弱了它所固有的深刻的思想意義。因此，在我看來，楚辭中沒有純而又純的別離文學作品。不過，那些涉及別離的「吉光片羽」，卻昭示了別離文學日後的發展趨向：

> 秋蘭兮青青，綠葉兮紫莖。滿堂兮美人，忽獨與余兮目成。
>
> 入不言兮出不辭，乘回風兮載雲旗。悲莫悲兮生別離，樂莫樂兮新相知。
>
> ──屈原《九歌・少司命》
>
> 子交手兮東行，送美人兮南浦。波滔滔兮來迎，魚鄰鄰兮媵予。
>
> ──屈原《九歌・河伯》

前一片斷展示了一種「人生許與分，只在顧盼間」的情形：在「滿堂美人」的逼視下，少司命與抒情主人公以目傳情，未接一言，便兩心相悅。但「人神之道殊」，少司命匆匆而來，又匆匆而去，使抒情主人公剛剛吸吮到愛情的甘霖，轉瞬又沉浸在別離的痛苦中。「悲莫悲兮生別離」，這充滿痛苦和怨憤的心聲，成爲後代別離文學遞相沿襲的基調，簡直可以說是「一錘定音」。後一片斷用擬人化的筆墨寫河伯與戀人握別時波濤與游魚無限多情地躍

身於送別的行列，這在客觀上也是爲後人開啓法門。其中，「南浦」一詞在後代更成爲送別地點的代稱。僅此一端，亦見其影響之巨。

　　不難看出，以上引錄的兩個片斷所表現的都是情侶之別的情景，它們雖然簡括有法，傳世甚遠，終究沒有吸引屈原太多的筆墨；相形之下，還是在展示辭別故國的情景時，屈原更樂意潑墨淋漓：

　　……陟陞皇之赫戲兮，忽臨睨夫舊鄉。僕夫悲餘馬懷兮，蜷局顧而不行。

　　亂曰：已矣哉！國無人莫我知兮，又何懷乎故都？既莫足與爲美政兮，吾將從彭咸之所居。

　　　　——《離騷》

　　皇天之不純命兮，何百姓之震愆。民離散而相失兮，方仲春而東遷。去故都而就遠兮，遵江夏以流亡。出國門而軫懷兮，甲之鼂吾以行。發郢都而去閭兮，怊荒忽其焉極？楫齊揚以容與兮，哀見君而不再得。望長楸而太息兮，涕淫淫其若霰。過夏首而西浮兮，顧龍門而不見。心嬋媛而傷懷兮，眇不知其所蹠。順風波以從流兮，焉洋洋而爲客。凌陽侯之氾濫兮，忽翱翔之焉薄。心絓結而不解兮，思蹇產而不釋……

　　　　——《哀郢》

「路漫漫其修遠兮，吾將上下而求索」。當屈原痛感在楚國已不僅難以實施自己的「美政」，而且機弩四伏、動輒得咎時，他終於泯滅了對現實的最後一絲幻想，決定辭別故土、飄然仙去了。然而飛升之際，他忽又向自己眷戀著的故鄉投以深情的一瞥。這一瞥正透露了他欲留不能、欲去不忍的矛盾心態。這種矛盾心態

又通過擬人化的手法，賦予了「僕夫」和「余馬」，使它們也不勝留戀地「顧而不行」。從中正可觸摸到屈原熱愛祖國的精神。顯然，展示這臨別前的一幕，使《離騷》這首用血淚凝成的生命挽歌變得更為深婉動人。後來，李白在《古風》其十九中曾化用屈原的這一構思：「霓裳曳廣帶，飄拂升天行。邀我登雲台，高揖衛叔卿。恍恍與之去，駕鴻凌紫冥。俯視洛陽川，茫茫走胡兵。流血涂野草，豺狼盡冠纓」。《哀郢》則將視線投向被迫離鄉背井的人民。楚頃襄王二十一年（前278），秦將白起攻陷郢都，頃襄王遷都於陳（今河南淮陽）。這不僅使楚國的政局更加風雨飄搖，也造成人民的流離失所、無家可歸。而作者便躋身在流離失所的人群中。「發郢都而去閭兮，怊荒忽其焉極」。當作者離開郢都時，是何等的痛心疾首、步履維艱啊！他怎能不痛心疾首、步履維艱呢？郢都，對包括屈原在內的所有楚國人民來說，都有著一種特殊的深厚的情感。它既是全楚的政治、經濟、文化中心，也代表著楚國作為一個獨立的主權國家的尊嚴。後來楚考烈王東遷壽春，還稱之為「郢」，足見這一歷史悠久的名城在楚國人民精神上有著如何巨大的團結與號召的力量。而今，郢都的淪陷，恰好標誌著亡國慘劇的開演。這樣，有著高度的政治敏感的屈原在與郢都永別時，心情又如何能不格外沉痛、格外難分難捨呢？以上引錄的一大段文字便以直披肝膽的筆法，反反復復地抒寫作者對故都的沉痛而難捨的惜別之情。其筆墨之細膩、酣暢，遠非《詩經》時代的別離之作所能相比。

　　作為別離文學的濫觴期，先秦時著意描寫別離情景的作品，還僅限於詩歌這一類體裁。在先秦歷史散文中，雖然有不少可以生發的別離的題材，卻都被重敘事而不重抒情的作者不經意地放過。如：

蹇叔之子與師，哭而送之，曰：「晉人御師必於殽，殽有二陵焉：其南陵，夏后皋之墓也；其北陵，文王之所避風雨也。必死是間，余收爾骨焉」。秦師遂東。

——《左傳・秦晉殽之戰》

遂置姜氏於城潁，而誓之曰：「不及黃泉，無相見也。」既而悔之……公入而賦：「大隧之中，其樂也融融」。姜出而賦：「大隧之外，其樂也泄泄」。遂為母子如初。

——《左傳・鄭伯克段於鄢》

於是平原君欲封魯仲連。魯仲連辭讓者三。終不肯受。平原君乃置酒，酒酣，起，前，以千金為魯連壽。魯連笑曰：「所貴於天下之士者，為人排患、釋難、解紛亂而無所取也。即有所取者，是商賈之人也，魯連不忍為也」。遂辭平原君而去，終身不復見。

——《戰國策・魯仲連義不帝秦》

太后曰：「諾，恣君之所使之」。於是為長安君約車百乘，質於齊。

——《戰國策・觸讋說趙太后》

周鄭交質，王子狐為質於鄭，鄭公子忽為質於周。

——《左傳・周鄭交質》

本來，蹇叔哭送愛子奔赴死地，鄭莊公憤而訣別偏心的母親姜氏，魯仲連慨然與平原君分袂而去，長安君辭別寵己最甚的母後入質於齊等等，在後代作家筆下都可以衍化為令人瞢神蕩目的別離場面，生發出或悽惻、或悲壯、或沉婉的惜別之情。但散文的作者卻根本無意對此加以衍化和生發，只用最平淡的筆墨記敘一過，以致辜負了這些大好的題材。這雖說是史家筆法，不得不然，終究讓人感到一絲遺憾。

第二節　漢魏六朝：別離文學的成熟期

　　別離文學發展到漢魏六朝時期，已趨於成熟。成熟的標誌至少有五點：其一，別離主題已不再是其他文學主題（如傷時憫亂主題、顯忠斥佞主題等等）的附庸，而取得了獨立的地位。其二，不論是展現在作家們筆下的別離場面，還是作家們對別離場面的展現，都日漸豐富多彩。其三，幾乎這一時期所有的重要作家都曾試手別離文學的創作。這意味著別離已被作家們當作一種生命的現象來自覺地加以藝術的把握。其四，不僅限於詩歌，散文、辭賦等其他文學體裁也被作家們用以描寫別離場面、打發離情別緒。其五，出現了江淹的《別賦》這樣的蔚為大觀的別離文學作品。

　　如果說在先秦時期專詠別離的篇章還難得覓見、而描寫別離的精彩片斷也為數寥寥的話，那麼，到漢魏六朝時期，無論前者還是後者，都俯拾皆是、不勝枚舉了。早在西漢年間，司馬遷的紀傳體文學名著《史記》就顯示出駕馭別離場面、抽繹別離意緒的精深功力。第一章中所論析的《項羽本紀》和《刺客列傳》中的兩個片斷，一寫情侶之別，一寫君臣之別，雖平平道來，極為本色，卻不僅各具風貌，略無雷同，而且千載之下猶能令人感到蕩氣迴腸。不過，除《史記》外，現存的西漢年間的其他文學作品似乎還很少將觸角伸向別離這一藝術園地。這樣說，一個重要的前提是：將歸屬於李陵、蘇武名下的幾首贈答詩確認為後人的偽托。

　　這是一場歷史的公案：梁蕭統《昭明文選》著錄「李陵與蘇武詩三首」，「蘇武詩四首」。如果它們果真出自李、蘇手筆的

話，那就應該承認，在西漢年間即已出現以別離爲主題的成熟的五言詩。無論從何種角度來挑剔、來苛求，李陵的那三首詩都屬於別離文學的範疇：

> 良時不再至，離別在須臾。
> 屛營衢路側，執手野踟躕。
> 仰視浮雲馳，奄忽互相踰。
> 風波一失所，各在天一隅。
> 長當從此別，且復立斯須。
> 欲因晨風發，送子以賤軀。（其一）
> 嘉會難再遇，三載爲千秋。
> 臨河濯長纓，念子悵悠悠。
> 遠望悲風至，對酒不能酬。
> 行人懷往路，何以慰我愁。
> 獨有盈觴酒，與子結綢繆。（其二）
> 攜手上河梁，游子暮何之？
> 徘徊蹊路側，恨恨不能辭。
> 行人難久留，各言長相思。
> 安知非日月，弦望自有時。
> 努力崇明德，皓首以爲期。（其三）

而四首蘇詩中，至少第三首是始終聚焦於別離主題：

> 結髮爲夫妻，恩愛兩不疑。
> 歡娛在今夕，嬿婉及良時。
> 征夫懷往路，起視夜何其。
> 參辰皆已沒，去去從此辭。
> 行役在戰場，相見未有期。
> 握手一長嘆，淚爲生別滋。

努力愛春華，莫忘歡樂時。

生當復來歸，死當長相思。

問題是，它們的著作權並不能歸於蘇武、李陵。前人已疑其偽。
「元嘉三大家」之一的顏延之便認爲「逮李陵衆作，總雜不類，
元是假托，非盡陵製」（《太平御覽》卷五六八引顏延之《庭誥》）。
劉勰《文心雕龍・明詩篇》亦云：「至成帝品錄，三百餘篇，朝
章國探，亦云周備，而辭人遺翰，莫見五言，所以李陵、班婕妤
見疑於後代也。」當然，也有確信其爲李陵所作者，如鐘嶸《詩
品》：「漢都尉李陵詩，其源出於楚辭，文多悽愴，怨者之流。
陵名家子，有殊才，生命不諧，聲頹身喪。使陵不遭辛苦，其文
亦何能至此」。但趙宋以後，幾乎衆口一辭，都指其爲偽作。蘇
軾《答劉沔都曹書》云：「梁蕭統集《文選》，世以爲工。以軾
觀之，拙於文而陋於識者，莫統若也。……李陵、蘇武贈別長安，
而詩有『江漢』之語。及陵與武書，詞句儇淺，正齊、梁間小兒
所擬作，決非西漢文，而統不悟。」斷言偽托者乃齊梁間人。洪
邁《容齋隨筆》卷十四進一步證成蘇說：「予觀李陵云：『獨有
盈觴酒，與子結綢繆』。『盈』字正惠帝諱，漢法觸諱者有罪，
不應陵敢用之。益知坡公之言爲可信也。」其後明人楊慎亦肯定
它們是後人偽托，但對偽托的時間稍有異議：「即使假托，亦是
東漢及魏人張衡、曹植之流始能之耳」。（《升庵詩話》卷一）
清人顧炎武《日知錄》卷二十三、錢大昕《十駕齋養心錄》卷十
六、梁啓超《中國之美文及其歷史》等也都列舉各種證據，力辨
其乃偽作，言之鑿鑿，不容置疑。因此，可以斷定它們不可能產
生於西漢年間。既然如此，說西漢年間除《史記》外，很少有其
他文學作品致力於別離場面的描寫，大概與事實相去並不太遠。

由於年代的久遠，當然不能排除漢代的許多作品已經亡佚的

可能性，或許，在亡佚的作品中就有不少傷離恨別的優秀之作；但就現存的文本來考察，我們卻只能說，用五言詩的形式來表現別離主題，那是東漢末年才開始的事情。東漢末年筆墨涉及別離的五言詩大致可區分爲三種類型：

一是民間歌手的集體創作。如漢樂府《焦仲卿妻》。作品序云：「漢末建安中，廬江府小吏焦仲卿妻劉氏，爲仲卿母所遣，自誓不嫁。其家逼之，乃投水而死。仲卿聞之，亦自縊於庭樹。時人傷之，爲詩云爾」。可知其作年是「漢末」，其作者是「時人」，而其宗旨則是通過焦仲卿與劉蘭芝的愛情悲劇，揭露封建禮教的罪惡，讚揚焦、劉夫婦反對封建禮教的不妥協精神，反映東漢末年社會生活的一個側面。但怨別恨離，卻是彌漫和貫穿全詩的情緒。「生人作死別，恨恨那可論」。不僅焦仲卿與劉蘭芝前後兩次別離的場面都被繪聲繪色地加以表現，而加強了作品的悲劇氣氛，而且連劉蘭芝被逐出焦家時忍辱含羞辭別小姑與婆婆的情景也描寫得十分細膩而眞切。（參見第五章第二節的論析。）

二是佚名文人的創作。如蕭統《文選》所著錄的《古詩十九首》中的《行行重行行》和徐陵《玉台新詠》所著錄的《古詩》：

行行重行行，與君生別離。

相去萬餘裡，各在天一涯。

道路阻且長，會面安可知？

胡馬依北風，越鳥巢南枝。

相去日已遠，衣帶日已緩。

浮雲蔽白日，遊子不顧返。

思君令人老，歲月忽已晚。

棄捐勿復道，努力加餐飯。

——《行行重行行》

> 悲與親友別，氣結不能言。
> 贈子以自愛，道遠會見難。
> 人生無幾時，顛沛在其間。
> 念子棄我去，新心有所歡。
> 結志青雲上，何時復來還。
>
> ——《古詩》

前詩所著力抒寫的是遊子思婦的離情別緒，韻律低沉而淒切。雖然它採用思婦自敘的口吻，側重表現抒情女主人公對遠行丈夫的思念之情，卻以「憶別」作爲序曲。「行行重行行，與君生別離」，徑直落墨於分別時的情景。行人越去越遠，離愁也越來越深。緊接「憶別」的序曲之後，作者又撥動抒情女主人公的心弦，演奏出「遠別」、「久別」這兩個樂章。鐘嶸在《詩品》中評論被陸機擬作過的十四首古詩說：「文溫以麗，意悲而遠，驚心動魄，幾乎可謂一字千金。」僅就此詩而言，倒是恰如其分的讚譽。後詩在藝術上不及前詩工致，但所抒寫的惜別之情卻同樣深長，而且多出以臨別時的叮嚀口吻；在時空處理上，似乎比前詩更爲集中。

三是知名文人的創作。如秦嘉《贈婦詩》三首：

> 人生譬朝露，居世多屯蹇。
> 憂艱常早至，歡會常苦晚。
> 念當奉時役，去爾日遙遠。
> 遣車迎子還，空往復空返。
> 省書情悽愴，臨食不能飯。
> 獨坐空房中，誰與相勸勉。
> 長夜不能眠，伏枕獨展轉。
> 憂來如循環，匪席不可卷。（其一）

皇靈無私親，爲善荷天祿。

傷我與你身，少小罹榮獨。

既得結大義，歡樂苦不足。

念當遠離別，思念敘款曲。

河廣無舟梁，道近隔丘陸。

臨路懷惆悵，中駕正躑躅。

浮雲起高山，悲風激深谷。

良馬不回鞍，輕車不轉轂。

針藥可屢進，愁思難爲數。

貞士篤終始，恩義可不屬。　（其二）

肅肅僕夫征，鏘鏘揚和鈴。

清晨當引邁，束帶待雞鳴。

顧看空室中，髣髴想姿形。

一別懷萬恨，起坐爲不寧。

何用敘我心，遺思致款誠。

寶釵好耀首，明鏡可鑒形。

芳香去垢穢，素琴有清聲。

詩人感木瓜，乃欲答瑤瓊。

愧彼贈我厚，慚此往物輕。

雖知未足報，貴用敘我情。　（其三）

據《玉台新詠》卷九載，秦嘉將「爲郡上計」（按：漢郡國每年遣吏人赴京師致事，謂之「上計」。秦嘉其時爲隴西郡上計吏。），其妻徐淑寢疾還家，不獲面別，贈詩云爾。」唯其如此，詩中幾乎沒有對別離場面的藝術顯影，而將主要筆墨用來傾訴不堪別離的痛苦。其中，第一首訴說自己奉役離鄉，不得與妻子面別，只能獨自傷感而無人慰解。第二首慨嘆自己與妻子少小孤苦，婚後

亦歡樂無多，而今又當遠別，自不免顧戀不捨，觸景傷情。第三首則敘寫自己臨去顧看空閨，想像妻子姿形，滿懷惆悵，卻又萬般無奈，只能留贈「往物」（指寶釵、明鏡、芳香、素琴），略表離懷。除第二首外，第一首與第二首都化用《詩經》中的成句結篇：第一首乃化用《邶風·柏舟》：「我心匪席，不可卷也。」第三首則化用《衛風·木瓜》：「投我以木瓜，報之以瓊琚。匪報也，永以爲好也。」縱觀全篇，情感深曲而又細密，以致給人用筆過於繁冗瑣碎之感。大概在作者看來，非如此絮絮叨叨、驚驚咤咤，便無從渲染鬱積在心底的離愁別恨。據同書載，徐淑亦能詩。得誦秦嘉贈詩後，她揮淚奉答一首：「妾身兮不令，嬰疾兮來歸。沉滯兮家門，歷時兮不差。曠廢兮侍覲，情敬兮有違。君今兮奉命，遠適兮京師。悠悠兮離別，無因兮敘懷。瞻望兮踊躍，佇立兮徘徊。思君兮感結，夢想兮容暉。君發兮引邁，去我兮日乖。恨無兮羽翼，高飛兮相追。長吟兮永嘆，淚下兮沾衣。」丈夫離家遠行，已使她悲不自勝；而她偏又因病歸寧，不及與丈夫握別，只能相互寄柬來傾吐離愁別恨，這就更讓她終身抱憾。因此，詩中充徹著斷腸的音響。詩的形式爲五言，卻每句都夾有騷體的「兮」字。這與其說是五言詩尚未成熟的標誌，不如說是作者故意作這樣的變形處理，以求與自己低回掩抑的情感相適應。

迄於建安時代，用五言詩來刻劃別景和抒寫離情，已成爲作家們的「拿手好戲」。且看建安文學的代表作家「三曹」、「七子」中的曹丕和徐幹的四篇作品：

> 與君結新婚，宿昔當別離。
>
> 涼風動秋草，蟋蟀鳴相隨。
>
> 列列寒蟬吟，蟬吟抱枯枝。
>
> 枯枝時飛揚，身體忽遷移。

不悲身遷移，但惜歲月馳。

歲月無窮極，會合安可知？

願爲雙黃鵠，比翼戲清池。

　　　　　——曹丕《於清河見挽船士新婚與妻別》

方舟戲長水，湛湛自浮沉。

弦歌發中流，悲響有餘音。

音聲入君懷，悽愴傷人心。

心傷安所念，但願恩情深。

願爲晨風鳥，雙飛翔北林。

　　　　　　　——曹丕《清河作》

沉陰結愁憂，愁憂爲誰興？

念與君相別，各在天一方。

良會未有期，中心摧且傷。

不聊憂餐食，慊慊常飢寒。

端坐而無爲，髣髴君容光。

　　　　　　　——徐幹《室思》其一

浮雲何洋洋，願因通吾辭。

飄颻不可寄，徙倚徒相思。

人離皆復會，君獨無返期。

自君之出矣，明鏡暗不治。

思君如流水，何有窮已時！

　　　　　　　——徐幹《室思》其二

二首曹詩的結尾實在令人不敢恭維。用願爲比翼鳥的譬喻，表達長相廝守、永不分離的意念，固然增強了作品的形象性，且亦不失生動之趣，但它卻不是曹氏的獨創：《古詩十九首》中的《西北有高樓》一篇的結句即爲：「願爲隻鴻鵠，奮翅起高飛。」曹

詩顯然由此翻版而來，這已算不得高明。而更不高明的是將類似的比喻一用再用。這樣，將兩詩孤立來看，還不覺其結尾如何刺眼，合而觀之，也許就不免觸目於其雷同化的傾向了。但曹詩也有它的高明處，那便是善於渲染環境氛圍。如前詩以「與君結新婚，宿昔當別離」二句破題後，便擷來「涼風」、「秋草」、「寒蟬」、「枯枝」等意象，交織成一個淒清、衰颯的典型環境，藉以寫照抒情主人公哀怨、愁苦的心境。這一優長，也體現在他的七言古詩《燕歌行》中：「秋風蕭瑟天氣涼，草木搖落露為霜。群燕辭歸雁南翔，念君客游思斷腸。慊慊思歸戀故鄉，何為淹留寄他方？賤妾煢煢守空房，憂來思君不敢忘，不覺涕下沾衣裳。援琴鳴弦發清商，短歌微吟不能長。明月皎皎照我床，星漢西流夜未央。牽牛織女遙相望，爾獨何辜限河梁」。這是現存文人作品中最早的完整的七言詩，歷來被看作奠定曹丕在文學史上的地位的兩塊基石之一（另一塊基石是作為我國最早的一篇文學批評專論的《典論·論文》）。但撇開詩體本身的意義，它在藝術上最主要的特點便是環境烘托與心理刻劃的相得益彰。唯其如此，詩中的別離情思才顯得分外深婉。徐詩則有兩點值得稱道：一是「思君如流水，何有窮已時」二句為後人翻來覆去地以流水喻離思提供了藍本。雖然李白等唐代詩人的作品在流水與離思的關係上變盡了花樣，但最先使它們結下不解之緣的卻是徐幹此詩。二是用筆細膩而不流於瑣碎，發語沉婉而不傷於纖弱。

　　值得注意的是，在被後人譽為「文學的自覺時代」的建安時期，還出現了一些寫及別離的辭賦。如果說王粲的《登樓賦》所抒發的懷才不遇的憤慨和背井離鄉的憂愁雖與別離主題相聯繫，其聯繫卻還不夠緊密的話，那麼，曹植《洛神賦》中的一段描寫則純屬別離場面的展示了：

於是屏翳收風，川后靜波，馮夷鳴鼓，女媧清歌。騰文魚以警乘，鳴玉鸞以偕逝。六龍儼其齊首，載雲車之容裔，鯨鯢踊而夾轂，水禽翔而爲衛。於是越北沚，過南岡；紆素領，回清陽。動朱唇以徐言，陳交接之大綱，恨人神之道殊兮，怨盛年之莫當。抗羅袂以掩涕兮，淚流襟之浪浪。悼良會之永絕兮，哀一逝而異鄉。無微情以效愛兮，獻江南之明璫。雖潛處於太陰，長寄心於君王。忽不悟其所捨，悵神宵而蔽光。

於是背下陵高，足往神留。遺情想像，顧望懷愁。冀靈體之復形，御清舟而上溯。浮長川而忘反，思綿綿而增慕。夜耿耿而不寐，霑繁霜而至曙。命僕夫而就駕，吾將歸乎東路。攬騑轡以抗策，悵盤桓而不能去。

　　《洛神賦》的內容是寫作者途經洛水時得遇美麗的洛神，兩相愛慕，情心深萌。但隔於人神之道，未能交接便忍痛銜恨訣別而去。作者在序文中說：「感宋玉對楚王說神女之事，遂作斯賦。」若準此說，則《洛神賦》屬於言情之作。但後人卻硬要從各種不同角度考索其本事，以致對賦的主題形成「感懷甄氏」、「寄心文帝」等異說。其間之是非，難以細辨，也無須細辨。因此，這裡，我們僅將賦中描寫別離情景的兩段文字納入討論的範圍：作者先著筆於洛神而外的其他神祇，寫風神、水神不再「興風作浪」，馮夷、女媧爭相擊鼓唱歌，這是暗示洛神即將啓駕離去。接著描寫洛神車駕之盛，說她駕著六龍，乘著雲車，鯨鯢夾乘而行，水禽飛翔護衛，好不令人艷羨。然後一路追蹤洛神東駕的軌轍，寫她走過北面的沙洲、越過南面的山岡後，忽又回眸作者，既陳訴交接之綱常，又怨恨人神之道有別，雖同處盛年也不能如願以償。如此層層遞進、步步深入，終於轉出最爲悱惻動人的場面：臨別

之際，洛神舉袖掩泣，淚流浪浪，哀嘆歡會永絕，一別異方。為表示自己的繾綣深情，她不惜將自己心愛的「江南明璫」贈予作者，並指天為誓：雖潛處太陰，而心常懷想。洛神惜別若是之深，作者自己當時又作何情態？於是鏡頭又轉而對準作者：洛神去後，作者「足往神留」，悃然若失；他滿懷深情，不斷想像剛才相遇的情景和洛神的風采；回望相遇之地，不覺愁緒盈懷。他多麼希望洛神的倩影能嫣然再現，希望之餘，又奮然駕輕舟溯流而上，去追尋洛神的芳蹤。洛水行舟，久而忘歸，離思逐與夜色俱深，以致終夜心神不寧，無緣入夢。最後因追尋不得，只好命僕夫整駕，東歸故地。但一旦手執驂轡，卻又悵然徘徊，不忍離去——其惜別之深豈不正與洛神相彷彿？用筆這般空靈而富於變化，在建安時代，非曹植不能為。

　　晉代作家中，有『潘江陸海』之譽的潘岳與陸機都曾用詩歌來表現離情別緒。如潘的《北岳送別王世胄詩》（四言）、陸的《赴洛道中作》（五言）等。但最引人注目的還是東晉末年陶淵明的兩篇作品：

> 秋日淒且厲，百卉俱已腓。
>
> 爰以履霜節，登高餞將歸。
>
> 寒氣冒山澤，游雲倏無依。
>
> 洲渚思綿邈，風水互乖違。
>
> 瞻夕欣良讌，離言聿云悲。
>
> 晨鳥暮來還，懸車斂餘暉。
>
> 逝止判殊路，旋駕悵遲遲。
>
> 目送歸舟遠，情隨萬化遺。
>
> ——《於王撫軍座送客》

> 左軍羊長史，銜使秦川，作此與之。

愚生三季後，慨然念黃虞。

得知千載外，正賴古人書。

賢聖留餘跡，事事在中都。

豈忘游心目，關河不可踰。

九域甫已一，逝將理舟輿。

聞君當先邁，負痾不獲俱。

路若經商山，爲我少躊躇。

多謝綺與甪，精爽今何如。

紫芝誰復採，深谷久應蕪。

駟馬無貰患，貧賤有交娛。

清謠結心曲，人乖運見疏。

擁懷累代下，言盡意不舒。

——《贈羊長史》

此老以田園詩獨步一時，擅名千古，偶而走筆於別離題材，也比時人高出一籌。這兩首詩，前一首集中描寫餞別時的所見所感。起筆八句竭力渲染秋日景物的淒厲，雖未明言離愁別恨，而離愁別恨盡皆溶漾於其中。其中，「游雲倏無依」，當是暗喻客人此去猶如野雲孤飛，一無依托，顯示出作者對友人前程的關切、憂念之情。結尾四句筆法一變，轉寫送別時主客雙方的情態：客人「旋駕」不忍就途，主人則目送歸舟遠去，彼此都眷眷然、惘惘然、茫茫然。「目送回舟遠」，語本《詩經、邶風・燕燕》，而另鑄新詞，開啓後人。後一首，構思全然不同：它落筆於送別，卻了無一字寫及送別時的情景，而僅僅對臨行的友人殷殷寄囑。寄囑的內容是路經商山時代向遁世的「四皓」致意，正不脫其隱逸詩人的本色。所以如此，是因爲他深知友人有著同樣的志趣，如此著筆，更能烘托知己之感。因此，這也不失爲一種別致的構

思方法。

　　南北朝時期，隨著詩體的演進和詩藝的發展，作家們更注意促使別景與離情的相互交融，以期產生言約意豐、引人入勝的藝術效果。即使是一些抒情短章，也同樣有不盡情思含蘊於內、無窮境界掩映於中。如：

> 懷人行千里，我勞盈十旬。
>
> 別時花灼灼，別後葉蓁蓁。
>
> 　　　　　──謝靈運《答謝惠連》
>
> 白雲山上盡，清風松下歇。
>
> 欲識離人悲，孤台見明月。
>
> 　　　　　　　──張融《別詩》
>
> 陽關萬里道，不見一人歸。
>
> 唯有河邊雁，秋來南向飛。
>
> 　　　　　──庾信《重別周尚書詩》其一
>
> 河橋兩岸絕，橫岐數路分。
>
> 山川遙不見，懷袖遠相聞。
>
> 　　　　　──庾信《重別周尚書詩》其二

謝詩首句從空間著筆，寫遠別；次句從時間落墨，寫久別。通過時空的交錯，點出其惜別之深。三、四句撇開空間，專就時間這一條線索加以生發。「別時」、「別後」對舉而言，正形成「過去時」與「現在時」的鮮明比照：一是「花灼灼」，一是「葉蓁蓁」。這自然景物的衰變，正象徵著抒情主人公心境日趨悲涼。張詩所展示的是一個雲盡、風歇的靜謐境界，這種靜謐恰與抒情主人公因離別已久、會合無望而產生的絕望心理相愜。「欲識離人悲，孤台見明月」，頗具含蓄、深婉之致。在作者意中，只有亙古如斯的一輪明月深諳自己的離愁別恨。如是措語，有多少曲

折？庾詩題爲「重別周尙書」但側重抒發的卻不是與周氏的離情別緒，而是自己的鄉關之思。作爲羈留在北方、先後屈仕於西魏和北周的南朝舊臣，庾信晚年詩賦的題材由艷情、宮怨變爲戰亂、鄉思，風格也從綺麗、輕冶轉向蒼勁、悲涼。這兩首小詩便是明證。雖然身在異國他鄉，對故土懷歸之極，對得歸故土的友人亦羨慕之極，但發爲歌詩，卻字字深婉，語語沉著。這種深婉與沉著有時比呼天搶地更能撥動讀者的心弦。從句數、章法、聲律上看，這兩首詩則已具備唐代五言絕句的雛形。的確，自齊永明年間謝朓、沈約等人創製「新體詩」以後，五、七言詩逐漸向唐代的近體形式過渡。不惟庾信，梁陳之際其他一些作家吟詠別離的詩章，也已暗合於律、絕。如江總的《別袁昌州詩二首》：

> 河梁望隴頭，分手路悠悠。
> 徂年驚若電，別日欲成秋。
> 黃鵠飛飛遠，青山去去愁。
> 不言雲雨散，更似東西流。（其一）
> 客子嘆途窮，此別異西東。
> 關山嗟墜葉，歧路憫征蓬。
> 別鶴聲聲遠，愁雲處處同。（其二）

雖然平仄稍有不協，但對仗、押韻等卻完全合乎律詩的要求，結構亦開合有方。如果加以苛求的話，那麼，或許造語還略嫌板滯，融入景物的別緒似乎也稍覺浮泛。而更讓人惋惜的是後詩明顯亡佚了七、八兩句，從而不僅給人頭重腳輕、語意未終之感，而且與前詩並置也難以銖兩悉稱。

當然，南北朝時期描寫別離的詩作並不都是形近唐代五、七言律絕的短章，也有篇幅較長的五、七言古詩。如何遜的《送韋司馬別》：

送別臨曲渚，征人慕前侶。

離言雖欲繁，離思終無緒。

憫憫分手畢，蕭蕭行帆舉。

舉帆越中流，望別上高樓。

予起南枝怨，子結北風愁。

邐邐山蔽日，洶洶浪湧舟。

隱舟邈已遠，徘徊落日晚。

歸衢並駕奔，別館空筵卷。

想子斂眉去，知予銜淚返。

銜淚心依依，薄暮行人稀。

暖暖入塘港，蓬門已掩扉。

簾中看月影，竹里見螢飛。

螢飛飛不息，獨愁空轉側。

北窗倒長簟，南鄰夜聞織。

棄置勿復陳，重陳長嘆息。

雖不像謝靈運的《登池上樓》那樣通篇採用對仗的形式，但對偶句卻占全詩一半以上，目的是將「客子」與「居人」處處加以對比，在對比中凸現他們共同的「斂眉」、「銜淚」之態。其中有玲瓏自然、含蘊豐富者，也有拼湊成對、語意重複者。「予起南枝怨，子結北風愁。」看似工整，細一尋繹，不過是化用古詩《行行重行行》中的「胡馬依北風，越鳥巢南枝」而已。「北風」、「南枝」，取譬不同，其意則一，都是借喻懷歸之情，以之分屬「客子」與「居人」，非惟犯重，且亦不倫。不過，總起來看，用筆還不算單調，如句與句或聯與聯之間多以民歌慣用的「接字法」相勾連（「憫憫分手畢，蕭蕭行帆舉。舉帆越中流，望別上高樓」。「想子斂眉去，知予銜淚返。銜淚心依依，薄暮行人稀。」

等等。），便增加了筆調的圓轉流美。

　　在南朝詩人中，何遜是比較出類拔萃的一位，「不薄今人愛古人」的杜甫對他頗爲推崇，既曾以他爲範：「頗學陰、何苦用心」（「陰」指陰鏗），也曾以他自況：「東閣官梅動詩興，還如何遜在揚州。」這當然不是偶然的。觀諸他描寫別離的詩作，確有值得推崇之處。除《送韋司馬別》外，另一些形近律詩的作品亦堪玩賞，如《與胡興安夜別》：

> 居人行轉軾，客子暫維舟。
>
> 念此一筵笑，分爲兩地愁。
>
> 露濕寒塘草，月映清淮流。
>
> 方抱新離恨，獨守故園秋。

中間兩聯屬對工切。「露濕」一聯寫景如繪，且深蘊離思，已令人擊節稱賞；但我以爲，發想更爲新奇、造語更爲工巧的還是「念此」一聯。此時置身離筵之上，「居人」與「客子」都強顏歡笑，以慰對方；但透過笑容，作者卻料見了別後的哀愁。這是該聯的含意，並無特別深刻之處。但以「一筵笑」與「兩地愁」相比並，說後者是由前者分解而來，卻化平爲奇、化直爲曲，體現了作者由此及彼的想像力和由表及裡的洞察力。當然，南北朝時期，擅長別離題材的詩壇名家不只是何遜，他如謝靈運、鮑照、謝朓、江淹等也都有佳作傳世：

> 分離別西川，迴景歸東山。
>
> 別時悲已甚，別後情更延。
>
> 傾想遲嘉音，果枉濟江篇。
>
> 辛勤風波事，款曲洲渚言。
>
> ——謝靈運《贈從弟惠連詩五首》其三

> 輕鴻戲江潭，孤雁集洲沚。

　　邂逅兩相親，緣念共無已。

　　風雨好東西，一隔頓萬里。

　　追憶栖宿時，聲容滿心耳。

　　落日川渚寒，愁雲繞天起。

　　短褐不能翔，徘徊煙霧裡。

　　　　　　　　──鮑照《送傅都曹詩》

　　方舟泛春渚，攜手趨上京。

　　安知慕歸客，詎憶山中情。

　　香風蕊上發，好鳥葉間鳴。

　　揮袂送君已，獨此夜琴聲。

　　　　　　──謝朓《送江兵曹檀主簿朱孝廉還上國》

　　樽酒送征人，踟躕在親宴。

　　日暮浮雲滋，握手淚如霰。

　　悠悠清水川，嘉魴得所荐。

　　而我在萬里，結友不相見。

　　袖中有短書，願寄雙飛燕。

　　　　　　　　──江淹《李都尉陵從軍》

大謝詩寄贈的對象是族弟謝惠連。《詩品》引《顏氏家錄》云：
「康樂每對惠連，輒得佳語，後在永嘉西堂，思詩竟日不就。寢
寐間，忽見惠連，即成『池塘生春草』。故嘗云：『此語有神助，
非吾力也』」。投緣若此，一旦分離，其惜別之深毋待多言。詩
亦由「別時」寫到「別後」，顯示出離愁的遷延與深化。但其風
格並不像「初發芙蓉」般「自然可愛」，相反，倒有雕章琢句之
病。清人陳祚明《采菽堂古詩選》謂謝氏「情深於山水，故山游
之作彌佳，他或不逮」。將此詩與他的山水名篇《登池上樓》比
讀，或可驗證此說。鮑詩由「輕鴻」、「孤雁」起興，切入對舊

日情誼的追懷和別離意緒的抽繹。最後又以景物描寫收束全篇。
「落日」、「愁雲」，用以烘托離愁別恨，固已深得其概，而「
徘徊煙霧裡」，更暗示出自己如煙似霧般迷茫的心態。小謝詩前
四句泛泛無足稱道，五、六句無論命意抑或措語亦皆平平，但結
尾兩句卻是靈光獨運之筆。它包含著兩層寓意：一是友人既去，
深夜只能獨撫琴弦，再無知音見賞；二是聚會無期，只能聊且寄
離思於琴聲。王維《山中送別》中的「山中相送罷，日暮掩柴扉」
二句如果不是與此詩不謀而合的話，那麼它在構思方面就多少受
到了此詩的啓迪。江詩著筆於歷史題材，但出現在詩中的那一歷
史上的「征人」的形象，卻抹上了作者的感情色彩。因此，那「
浮雲」般潛滋暗長的離情別緒，與其說是「征人」的，不如說是
作者自己的。詩的意境有類他的《別賦》，亦屬於將別景與離情
熔於一爐的那種作派。

　　在巡視南北朝時期的別離文學作品時，名家所結撰的精品固
然應當為我們所珍視，但那些姓名已經無從考知的民間歌手的創
作也不容輕忽。在南北朝民歌、尤其是南朝民歌中，可以找到大
量的以別離為主題的作品，它們或哀怨，或爽朗，不專一格，相
映成趣。如：

　　　　聞歡遠行去，相送方山亭。

　　　　風吹黃蘗藩，惡聞苦籬聲。

　　　　　　　　——《西曲歌·石城樂》

　　　　聞歡下揚州，相送楚山頭。

　　　　探手抱腰看，江水流不斷。

　　　　　　　　——《西曲歌·莫愁樂》

同屬「西曲歌」，而情調及手法均有異。前詩以「籬」諧「離」，
這是南朝民歌慣用的諧音雙關手法。而「籬聲」前以「苦」字相

修飾，則使一腔怨離恨別之情畢現紙面。同時，「惡聞」一詞也帶有強烈的感情色彩，見出作者不堪離聲聒耳。後詩沒有嵌入「苦」、「愁」、「恨」之類的字眼，色調要明朗些，但融化在其中的離情別意卻同樣深長。「探手抱腰看，江水流不斷。」眼前這「流不斷」的江水正象徵著作者心中悠悠無盡的離情別意。二詩不僅都粘著於別離主題，而且在極短小的篇幅中將離情別意曲曲傳出。這豈不正是別離文學此時已完全成熟的標誌之一？

第三節　唐宋：別離文學的繁盛期

在文備眾體、詩詞代興的唐宋時期，別離文學呈現出高度繁榮的局面。無須逐一條陳，從一個小小的事實即可獲得證明：漢魏六朝時期，除了在歷史散文（如司馬遷的《史記》、班固的《漢書》、趙曄的《吳越春秋》等）中，有若干別離場面的描摹外，為送別而作的抒情散文尚不多見，或者說幾乎難以覓見；而到唐宋時期，這一類的散文卻屢見不鮮。僅韓愈一人，就寫有《送孟東野序》、《送李愿歸盤谷序》、《送董邵南序》、《送楊少尹序》、《送石處士序》、《送溫處士赴河陽軍序》等。雖然大多借物以發端，並不扣緊別離主題來構思，但它們都為送別而作，並且也多有離情別緒滲透於其中，卻是不可否認的事實。揭出這一事實，無非是想說明：要觀照唐宋時期別離文學高度繁榮的局面，可以憑藉若干個聚光點。

從文體演變的的角度看，既然詩盛於唐、詞盛於宋，那麼，唐宋時期的作家們更多的採用詩或詞的形式來表現別離主題自是情理中事。翻檢描寫別離的唐詩宋詞，誰都能發現：其體制之完備，技巧之成熟，意境之渾厚，韻律之精嚴，不僅遠逾前代，也

爲後世所不及。這是作品方面的情況。在作家方面，誇大一點說，幾乎所有傳世作品在十首以上的詩家詞家都曾在別離文學的園地裡播作和採擷。這倒不是因爲他們對別離題材特別偏愛，而是耳濡、目染、心感於斯，自然而然發爲歌吟。縱觀唐宋時期別離詩詞的作者隊伍，不僅其整體的「精銳」程度高出於前代多多，更重要的是名家巨匠迭見於其中，猶如春蘭秋菊，各極一時之秀，很難對其成就的高下加以軒輊。因此，我們只能從其中拈取幾位進行剖析，以奏窺斑見豹、舉一反三之效。

　　初唐詩人中，「四傑」的首席代表王勃對別離文學創作用力既勤，創獲亦豐。通常認爲四傑對宮體詩遺風的變革是通過兩條途徑、用兩種方法完成的。一種可以說是「因勢而利導之」，即從內容和形式看，雖然沒有跳出宮體詩的範圍，卻表現出迥然不同的情趣。盧照鄰、駱賓王所較多地創製的描寫繁華生活和男女情事的七言歌行屬於這一類。另一種可以說是「反其道而行之」，即從內容到形式都與宮體詩大相逕庭，王勃、楊炯大量創製的以別離、征戍爲題材的五言律詩屬於這一類。這也就是說，王勃致力於別離文學創作，是對宮體詩遺風的一種有意的反動。在王勃所創作的以別離爲主題的詩歌中，傳誦最廣、影響最大的無疑是《送杜少府之任蜀川》。但從藝術上看，他的《江亭夜月送別二首》亦獨具魅力：

　　　江送巴南水，山橫塞北雲。

　　　津亭秋月夜，誰見泣離群。（其一）

　　　亂煙籠碧砌，飛月向南端。

　　　寂寞離亭掩，江山北夜寒。（其二）

不難看出，送別之地是巴南，話別之所是津亭，握別之處是江邊，而行人所去之處則是塞北。巴南、塞北，相距何止千里之遙？今

日一別，後會無期。因此，反映在詩中的惜別之情是凝重、摯切而又深長的。但相比較而言，前詩末句用「誰見泣離群」來表達惜別心情未免過於直露，因而沈德潛雖將它選入《唐詩別裁集》，卻也指出其「用意」未深。後詩則做到了情與景合，思與境偕。儘管通篇都是寫景：舉凡煙籠碧砌之景，中天月馳之景，離亭深掩之景，江曲夜寒之景，無不歷歷如繪，而作者送別後的留連顧望之狀、淒涼寂寞之情正融化於其中。此外，遣辭造句也都有機地服務於離情的渲染：如將「寒」字與「此夜」相聯綴，便巧妙地點出它是這個特定的別離之夜所特有的感受。所以，黃叔燦《唐詩箋注》稱賞道：「一片離情，俱從此字托出。」

除王勃外，陳子昂也是初唐時期工於別離之作的詩人。他的《送魏大將軍》是為人們所熟知的作品：

> 匈奴猶未滅，魏絳復從戎。
>
> 悵別三河道，言追六郡雄。
>
> 雁山橫代北，狐塞接雲中。
>
> 勿使燕然上，惟留漢將功。

其格調與王勃的《送杜少府之任蜀川》相似。雖然也稍稍流露出離愁別恨（「悵恨」二字，說明作者對友人的離去並非無動於衷。），卻不纏綿於兒女之情，作淒苦悲切的哭訴，而從大處著筆，激勵「魏大」建功沙場、揚名塞外，藉以抒發自己「感時思報國，拔劍起蒿萊」（《感遇》其三十五）的理想和抱負，讀來氣勢豪宕，精光四射。他的《春夜別友人》則是另一番情韻：

> 銀燭吐青煙，金樽對綺筵。
>
> 離堂思琴瑟，別路繞山川。
>
> 明月隱高樹，長河沒曉天。
>
> 悠悠洛陽道，此會在何年。

別筵將盡，分袂在即。眼前這沉靜得出奇的境界，正見出別意的深沉，沒有前詩那豪放激揚的盛情，卻也不作長吁短嘆。致力於抒寫離愁別恨，卻能如此意態從容、不溫不火，視前代作聲嘶力竭之吶喊者，相去不可以道裡計。

盛唐時期，「王孟」並稱，「高岑」齊名。齊名並稱的原因，是他們分別代表了盛唐山水田園詩派和邊塞詩派的最高成就。至於在別離文學創作方面，高適與岑參固相頡頏，孟浩然卻非王維之匹。當然，孟浩然也有吟詠別離的作品，如《留別王維》：

> 寂寂竟何待，朝朝空自歸。
>
> 欲尋芳草去，惜與故人違。
>
> 當路誰相假？知音世所稀。
>
> 只應守寂寞，還掩故園扉。

孟氏四十歲那年入長安應進士不第。不第的原因，據《新唐書》記載，是誦詩不當，開罪玄宗：王維私邀孟氏入內署，「俄而玄宗至，浩然匿床下。維以實對。帝喜曰：『朕聞其人而未見也，何懼而匿？』詔浩然出。帝問其詩，浩然再拜，自誦所為。至『不才明主棄』之句，帝曰：『卿不求仕，而朕未嘗棄卿，奈何誣我？』因放還。」於是，相信這一說法的後人便稱「不才」云云為「一生失意之詩，千古得意之句」。但檢《孟襄陽集》，「不才」句出其《歲暮歸南山》一詩。詩起首云：「北闕休上書，南山歸敝廬。」分明是臨歸時所作，似不當復有此事。或出於好事者偽托。對此，我們不擬多作考辨。總之，應進士不第，使孟氏前期隱居於襄陽時那種樂觀的心情逐漸暗淡起來，他不得不放棄「擎來玉盤裡，遠勝在幽林」（《庭橘》）的幻想，重新走向江海，走向山林，在大自然的懷抱裡寄托自己疲憊的身心。而這些，都反映在他的《留別王維》一詩中。如果說「惜與故人違」一句

還多少流露了與王維的惜別之情的話，那麼，其餘各句則都側重於抒發自己懷才不遇、有志難酬的憤慨以及對人情冷暖、世態炎涼的憎惡。這當然是精粹之作。但這樣的情粹之作，孟集中畢竟寥寥無幾；反之，王維集中則隨處可見。如：

> 渭城朝雨浥輕塵，客舍青青柳色新。
> 勸君更盡一杯酒，西出陽關無故人。
>
> ──《送元二使安西》
>
> 楊柳渡頭行客稀，罟師蕩槳向臨圻。
> 惟有相思似春色，江南江北送君歸。
>
> ──《送沈子福歸江東》

前詩所描寫的是一種既形象化又抽象化的別離。時代背景在詩中被有意識地淡化，與之相伴隨的則是情感內涵的深化。這就使它具有某種普遍性，適合於絕大多數離筵別席演唱，乃致在後代被編入樂府，成為最流行的歌曲。因為它以「渭城」起篇，所以便擁有了「渭城曲」的別名；又因為結句中有「陽關」一詞，而被後人譜為「陽關三疊」。由此也足見其傳唱之既廣且久。後詩的色調與前詩一樣清新明朗。「渡頭」前冠以「楊柳」一詞，既為展示渡頭之景，更為烘托送別之情──折柳送別，本是唐人的習俗。（所以，前詩中亦涉筆於「柳色」。）「罟師蕩槳」點出友人是由水路歸去。按常理來推測，三、四兩句應當緊接著描寫水邊送別時的情景，如「解纜君已遙，望君猶佇立」之類。但作者卻偏偏擺脫了這既定的思路，而忽發奇想：讓我心中的惜別相思之情也像這遍布江南江北的春色，一路跟隨你歸去吧！從而使難寫之景與無形之情妙合無垠，平添了渾樸而深厚的意蘊。後來，劉長卿《送李判官之潤州行營》一詩中的『江春不肯留行客，草色青青送馬蹄』，當是由此脫胎而來。

作為中國詩歌史上的雙子星座，李白與杜甫都有海涵地負的藝術功力和千匯萬狀的作品，雖然他們一為浪漫主義大師，一為現實主義巨匠，論地位猶如「雙峰並峙」，論影響則好似「二水分流」；但在別離文學的園地裡，他們卻都曾用心血培育出流光溢彩、競麗鬥煌的奇花異卉。李白送別詩中的佳作多以五言體結撰而成，如：

> 客從長安來，還從長安去。
> 狂風吹我心，西掛咸陽樹。
> 此情不可道，此別何時遇？
> 望望不見君，連山起煙霧。
>
> 　　　　　──《金鄉送韋八之西京》
>
> 君思穎水綠，忽復歸嵩岑。
> 歸時莫洗耳，為我洗其心。
> 洗心得真情，洗耳徒買名。
> 謝公終一起，相與濟蒼生。
>
> 　　　　　──《送裴十八圖南歸嵩山二首》其二
>
> 青山橫北郭，白水繞東城。
> 此地一為別，孤蓬萬里征。
> 浮雲游子意，落日故人情。
> 揮手自茲去，蕭蕭班馬鳴。
>
> 　　　　　──《送友人》
>
> 見說蠶叢路，崎嶇不易行。
> 山從人面起，雲傍馬頭生。
> 芳樹籠秦棧，春流繞蜀城。
> 升沉應已定，不必問君平。
>
> 　　　　　──《送友人入蜀》

第一首詩中，用「此情不可道」五字將送別時的千種風情、萬般思緒一筆宕開，暗示此情此緒非語言所能陳述；又以「望」字相疊，顯出佇望之久和依戀之深。這些都於不經意處見其匠心。但堪稱神來莫測、想落天表之筆的還是「狂風吹我心，西掛咸陽樹」二句。「咸陽」，實指長安，是友人「還歸」之地。作者無法與其同行，悵惘之餘，便作「傻想」和「痴語」：假如狂風能將我拳拳此心吹至咸陽、高掛樹梢，始終陪伴著友人，那該有多好啊！這實際上正是「牽腸掛肚」的形象化說法。惜別深情，概在其中。同樣的構思在作者的另外兩首詩中也出現過：一是《聞王昌齡左遷龍標尉，遙有此寄》中的「我寄愁心與明月，隨風直到夜郎西」；另一是《寄東魯二稚子》中的「南風吹歸心，飛墮酒樓前」。可知這是李白的得意之筆。既然是得意之筆，重複使用幾次又有何妨？第二首詩主要記錄臨別時的相互勸勉、相互慰藉之詞。其中，「許由洗耳」的典故用得出神入化，既嘲諷了那些矯情作偽、欺世盜名的假隱士，又披露了自己順乎自然、拔乎流俗的胸襟，同時還隱含對即將歸隱的友人的勖勉和規箴之意，可謂「一石三鳥」。如果說前詩中的「狂風」二句「立片言以據要，乃一篇之警策」的話，那麼，此詩則以立意為勝，不可句摘。所以，王夫之《唐詩評選》稱贊說：「只寫送別事，托體高，著筆平」。第三首詩將惜別的深情融入寥廓秀麗的畫面。起二句不僅色彩濃淡相間、姿態動靜相映，而且給人策馬相送、並肩徐行之感。中間四句既以「孤蓬」和「浮雲」象徵友人的飄泊生涯，又以「落日」自喻惜別之情：夕陽緩緩西沉，似乎對依托已久的天空不勝眷戀，這正是對作者依依惜別的心境的一種巧妙寫照。末句寫臨歧揮手作別時，斑馬蕭蕭長鳴，似乎深諳主人之意。這雖是翻用《詩經·小雅·車攻》成句「蕭蕭馬鳴」，但原詩不過以之渲染「大營整

肅氣象」而已，意同杜詩「落日照大旗，馬鳴風蕭蕭」；李白以
之烘托惜別情懷，不能不說是變化生新。第四首詩則略去送別的
場面，而落筆於友人入蜀的道路，既想像其狹窄、險峻、高危，
又展示其瑰麗景色和旖旎風光，藉以寄寓對友人旅程的系念。尾
聯用議論作結，婉轉地啓發友人不要為功名利祿所迷。尺幅紙短，
嚶鳴情長。統觀這四首詩，盛情深沉、眞摯而又豁達、樂觀，幾
乎沒有纏綿悱惻之音、凄切哀婉之語。這正是其豪放、飄逸性格
的反映。從形式上看，這四首送別詩都是五言體。此外，也有李
白最為得心應手的七言歌行體，如《灞陵行送別》：

　　送君灞陵亭，灞水流浩浩。

　　上有無花之古樹，下有傷心之春草。

　　我向秦人問路岐，云是王粲南登之古道。

　　古道連綿走西京，紫闕落日浮雲生。

　　正當今夕腸斷處，驪歌愁絕不忍聽。

「灞陵」、「灞水」在唐詩中往往作為別離地點的泛稱。以之對
舉起興，自然一開篇便將別離的氣氛烘托得十分濃郁。雖然這是
兩個較短的五言句，但「流浩浩」三字卻使音節得以延長。順應
「流浩浩」的情感和語感，以下都是七言長句。其中嵌入三個「
之」字，造成似斷還續、回環往復的音情語氣，從而折射出別離
時內心深處的情感波瀾。眞是變化於規矩之中，神明於法度之外。

　　杜甫歷來被推為詩中聖哲。他奄有眾長，兼備各體，並能推
陳出新，別開生面，做到「盡得古今之體勢，而兼人人之所獨專」
（元稹《杜工部墓誌銘》）。這也體現在別離詩的創作方面。老
杜自道：「晚節漸於詩律細」。他以碧海掣鯨的筆力，把律詩發
展到更為成熟、乃至「不煩繩削而自合」的境地。與此相應，他
的別離詩較多地採用律詩的體裁。如：

> 童稚情親四十年，中間消息兩茫然。
> 更爲後會知何地？忽漫相逢是別筵。
> 不分桃花紅似錦，生憎柳絮白於棉。
> 劍南春色還無賴，觸忤愁人到酒邊。
>
> ──《送路六侍御入朝》

> 使君高義驅千古，寥落三年坐劍州。
> 但見文翁能化俗，焉知李廣未封侯？
> 路經灩澦雙蓬鬢，天入滄浪一釣舟。
> 戎馬相逢更何日？春風回首仲宣樓。
>
> ──《將赴荊南寄別李劍州》

> 遠送從此別，青山空復情。
> 兒時杯重把？昨夜月同行。
> 列郡謳歌惜，三朝出入榮。
> 江村獨歸處，寂寞養殘生。
>
> ──《奉濟驛重送嚴公四韻》

這些都還算不上杜詩中的名篇，卻不僅韻律精嚴，而且工而能化，氣固神完。第一首詩前四句所抒發的是一種「人生不相見，動如參與商」的感慨：作者與「路六」早在竹馬童年就結下深厚友誼，但其後四十年間卻因世事滄桑而失去聯繫。如今，「忽漫相逢」，在雙方都是莫大快事；但乍逢又別，卻使會合的歡娛未及細品，別離的愁思便已彌漫心頭。眞是「聚也匆匆，散也匆匆。」後四句由「別筵」生發而來，刻劃眼前景物。「桃紅似錦」、「絮白於棉」本是陽春美景，不當令人生厭，作者對它們的態度卻是「不分」、「生憎」（「不分」猶不滿、嫌惡；「生憎」，猶偏憎、最憎。）；「劍南春色」，本來也應給人賞心悅目之感，而作者卻一反溫文爾雅之態，斥之爲「無賴」。箇中原因，蓋在它們「

觸忤愁人到酒邊」，使作者對景傷情也。換言之，作者是因別離在即、心緒惡劣而遷怒於景物。這又正見出其「聚也依依，散也依依」。第二首詩，題中既點明「寄別」，則其法度與前詩迥然有異。前四句先稱頌李劍州「能化俗」的「高義」，惋惜其「未封侯」的「寥落」。接著化用前代文翁和李廣的典實，將這兩層意思進一步坐實。「但見」、「焉知」，呼應、開闔之間，精神頓出，正老杜章法高妙處。後四句將身世之感與別離之情交織進闊大而又蒼涼的境界。「仲宣樓」，點出自己抵荊南後，和前代的王粲一樣只能是依人作客、寄人籬下。那時於遍地烽火中回望蜀地、懷想故人，就會更加蒼茫百感了。全詩起結轉折，關合無痕。第三首中的「嚴公」指嚴武。他曾兩度出任劍南節度使，杜甫旅蜀期間，多承其照拂。寶應元年（762）六月，嚴武奉召入朝。這首送別詩即寫於其時。首聯緊扣題意，抒寫送別時的情景。「遠送」，已見其意深情長；托言於「青山」，又增其婉曲之致。頷聯追憶昨夜月下餞別的場面，逗出「幾時杯重把」的悵問，以暗示自己對他日重逢的期望之切。這裡，上下聯與上下句之間都以逆挽法相勾連，顯得奇曲多趣。頸聯稱美嚴武，而措辭雍雅得體。尾聯虛擬自己送別後的心境，疊用「獨」、「殘」、「寂寞」等悲涼的字眼，道出知遇至深的友人離去後的孤單、冷落和惆悵。屈伸自如的結構，謹嚴有度的章法，沉鬱頓挫的風格，餘味曲包的語言，充分顯示了杜詩的藝術造詣。

　　不過，在杜甫的別離詩中，最為膾炙人口的「三別」卻不是用律體、而是用五言古詩的形式寫成的：

　　　　兔絲附蓬麻，引蔓故不長。嫁女與征夫，不如棄路旁。結
　　　髮為君妾，席不暖君床。暮婚晨告別，無乃太匆忙！君行
　　　雖不遠，守邊赴河陽。妾身未分明，何以拜姑嫜？父母養

我時，日夜令我藏。生女有所歸，雞狗亦得將。君今往死
地，沉痛迫中腸。誓欲隨君去，形勢反蒼黃。勿為新婚念，
努力事戎行！婦人在軍中，兵氣恐不揚。自嗟貧家女，久
致羅襦裳。羅襦不復施，對君洗紅妝。仰視百鳥飛，大小
必雙翔。人事多錯迕，與君永相望。

——《新婚別》

四郊未寧靜，垂老不得安。子孫陣亡盡，焉用身獨完！投
杖出門去，同行為辛酸。幸有牙齒存，所悲骨髓乾。男兒
既介胄，長揖別上官。老妻臥路啼，歲暮衣裳單。孰知是
死地，且復傷其寒。此去必不歸，還聞勸加餐。土門壁甚
堅，杏園度亦難。勢異鄴城下，縱死時亦寬。人生有離合，
豈擇盛衰端！憶昔少壯日，遲回竟長嘆。萬國盡征戍，烽
火被岡巒。積屍草木腥，流血川原丹。何鄉為樂土？安敢
尚盤桓！棄絕蓬室居，塌然摧肺肝。

——《垂老別》

寂寞天寶後，園廬但蒿藜。我里百餘家，世亂各東西。存
者無消息，死者為塵泥。賤子因陣敗，歸來尋舊蹊。久行
見空巷，日瘦氣慘悽。但對狐與狸，豎毛怒我啼。四鄰何
所有？一二老寡妻。宿鳥戀本枝，安辭窮且栖。方春獨荷
鋤，日暮還灌畦。縣吏知我至，召令習鼓鞞。雖從本州役，
內顧無所攜。近行止一身，遠去終轉迷。家鄉既蕩盡，遠
近理亦齊。永痛長病母，五年委溝溪。生我不得力，終身
兩酸嘶。人生無家別，何以為蒸黎！

——《無家別》

「三別」與「三吏」一樣，是杜詩中最富於人民性的作品。因而，
論者大多著眼於貫注在其中的強烈的現實主義精神和博大的人道

主義情懷。其實，從別離文學的角度來審視，它們也是「美侖美奐」的藝術珍品。《新婚別》通篇都是一位深明大義的少婦對即將應征而去的丈夫的告白。開篇處的吞吞吐吐、羞羞澀澀，正符合她新嫁娘的特定身份和特定心理。她滿心希望過門後能與丈夫恩愛度日，白頭偕老，誰知洞房花燭之夜，便是生離死別之時。「暮婚晨告別，無乃太匆忙」。語雖溫婉，意實沉痛。「守邊赴河陽」，點明造成「新婚別」的原因是「守邊」戰爭——既然戰爭的性質是「守邊」，女主人公送別新郎時的感情便不能不十分複雜了。儘管與對方相知未深，但她卻抱定「嫁雞隨雞，嫁狗隨狗」的想法。如今，新郎將奔赴九死一生的戰場，難免馬革裹屍而還，這怎能不使她「沉痛迫中腸」？她發誓要與新郎同去，生死與共，但轉念一想，「婦人在軍中，兵氣恐不揚」，不禁又猶豫起來。真是左右為難，心亂如麻。然而，經過一番痛苦的權衡，深明大義的女主人公終於從猶豫中跳脫出來，將自身的不幸撇至一邊，轉而對新郎進行深情的鼓勵和慰勉：「勿為新婚念，努力事戎行」。為了解除他的後顧之憂，她緊接著又表白了自己堅貞專一的愛情：「女為悅己者容」。悅己之新郎既去，今後自己將不著「羅襦」，洗去「紅妝」，克盡婦道，一心一意地等候新郎凱旋歸來。結句「人事多錯迕，與君永相望」，既流露出惜別的感傷，也表達了自己對愛情的生死不渝。全詩一韻到底，一氣呵成，而又千回百轉，曲盡其致，心態的描繪與心緒的抽繹尤為細膩、精確。《垂老別》同樣以精細的心理刻劃見長，而不是以曲折的情節取勝。在詩中自訴自嘆復自解的是一位暮年從軍的老翁。他的子孫都已在戰亂中為國捐軀，只剩下他與老妻相依為命。儘管他體態龍鐘，精力駑鈍，但在戰火燒近家門之際，他卻毅然投杖應征而去，以至同行的戰士無不為之感嘆欷歔。離家時，他原

想瞞過老妻，不辭而別，以免控制不住感情的閘門。誰知老妻早已得知這一消息，哭倒在他從軍的必由之徑，那襤褸的單衫瑟瑟顫動於凜冽北風中，猛然看到這一情景，老翁的心碎了。於是，感天動地的一幕展現在字裡行間：老翁急步上前扶起老妻，爲自己無力使她免受凍餒之苦而吞聲飲泣；而老妻則忽然意識到自己大放悲聲只能徒然加深親人內心的痛苦，便改用嘶啞的嗓音叮嚀老翁到前方後努力加餐，善自珍攝。別離的雙方各各愁腸寸斷，而又強抑悲痛，故作寬解之語，正見出其相互愛憐之深，誠如吳齊賢在《杜詩論文》中所指出的那樣：「此行已成死別，復何顧哉？然一息尚存，不能恝然，故不暇悲己之死，而又傷彼之寒也；老妻亦知我不返，而猶以加餐相慰，又不暇念己之寒，而悲我之死也。」適應主人公複雜多變、騰挪多變的情思，作品的結構既具謹嚴整飭之致，又有跌宕起伏之妙。對此，浦起龍《讀杜心解》所見甚明：「忽而永決，忽而相慰，忽而自奮，千曲百折，末段又推開解譬，作死心塌地語，猶云無一寸乾淨地，愈益悲痛。」

《無家別》中的抒情主人公的命運似乎還要悲慘：久歷戰亂，他的親人已蕩然無存。因此，當他應征從軍時，既無人爲他送別，也無人可以告別。雖然免去不少牽掛，卻也更感孤獨和淒涼。無可奈何中，他只有用自言自語的方式向老天爺訴說自己「無家別」的悲哀。三首詩，描寫了三種不同類型的別離，雖然切入的角度和形成的剖面各異，卻在相同的時代背景下以驚風雨、泣鬼神的詩筆展示了人物的悲歡離合，因此從中不僅能感受到別離詩所固有的惜別深情，而且反映出那個「萬方多難」的時代的憔悴不堪的面影。而在藝術上，則極盡波瀾開合之能事，純是一片化境。正因爲這樣，在別離文學的長廊裡，它們理所當然地居於最爲引人注目的地位。

　　中唐前期，大歷十才子以「擅場餞送」而名噪一時。但他們的作品因過於追求工巧反倒失之雕琢和刻露；氣格也傷於卑弱。相形之下，還是同時的劉長卿與韋應物的別離詩更爲膾炙人口。且看劉長卿的五絕、七絕及五律、七律各一首：

> 片帆何處去，匹馬獨歸遲。
>
> 惆悵江南北，青山欲暮時。
>
> ——《瓜洲道中送李端公南渡後》
>
> 猿啼客散暮江頭，人自傷心水自流。
>
> 同作逐臣君更遠，青山萬里一孤舟。
>
> ——《重送裴郎中貶吉州》
>
> 望君煙水闊，揮手淚沾巾。
>
> 飛鳥沒何處，青山獨向人。
>
> 長江一帆遠，落日五湖春。
>
> 誰見汀洲上，相思愁白蘋。
>
> ——《餞別王十一南游》
>
> 春風倚檻閶闔城，水國春寒陰復晴。
>
> 細雨濕衣看不見，閑花落地聽無聲。
>
> 日斜江上孤帆影，草綠湖南萬里情。
>
> 君去若逢相識問，青袍今已誤儒生。
>
> ——《送嚴士元》

五絕在寥寥二十字中，將依依惜別情景展現得極爲動人，可謂尺幅具千里之概。前二句爲分寫：友人片帆獨去，作者匹馬獨歸。「匹馬」，已見其孤寂，而作者意猶未足，又直接拈出「獨」字，以強調送別後的孑然一身、形影相弔之感。「獨歸遲」，一個「遲」字，既與末句「日暮」相呼應，又點出友人揚帆而去後，自己曾佇立悵望，久而忘返。第三句則是合寫：自己與友人，一在

江南，一在江北，都因這次別離而惆悵無已。末句不僅點明別離
的時間，而且以悄焉動容而又默然無語的「青山」作爲對離思的
烘托，使離思愈轉愈深，愈轉愈曲。七絕先點染送別的環境。抓
住「猿啼」、「暮江」著筆，爲的是凸現其「黯然銷魂」處。接
著以無情水反襯傷心人。這仍是落筆於景物。三、四句由「傷心」
二字直貫而下，抒發同病相憐之感，並表達對友人不幸遭際的深
切同情：兩人都是貶居遐荒的「逐臣」，而友人貶地更遠；此去
征途萬里，只有青山一路慰其孤獨。作者另詩《送張起崔載華之
閩中》有句：「相送天涯里，憐君更遠人」。命意與此相近。五
律題爲「餞別」，卻並不從餞別場面著筆，甚至連話別情景也概
不涉及。詩開篇處，友人的歸棹已經遠去，只有作者在江岸上揮
手致意，淚濕羅巾。作者以此起筆，意在借助眼前景物，通過遙
望和凝思，不著痕跡地表達離情別緒，於是，「飛鳥」、「青山」、
「落日」、「白蘋」等一一躍入他的眼簾，繼而又一一啓開他的
心扉，成爲其離愁別恨的觸媒。七律亦致力將「景語」與「情語」
交織爲一體。其景是眼前之景與意中之景的化合，其情則是傷離
之情與憤世之情的融匯。有趣的是，這四篇作品所表現的都是水
邊送別的情景。這當然不是偶然的巧合，而表明作者對「水邊送
別」尤爲擅長、也尤喜著筆。他的《青溪口送人歸岳州》一詩中
的「帆帶夕陽千里沒，天連秋水一人歸」，也是描寫水邊送別情
景的佳句。韋應物的別離詩，才情、風調皆不減長卿，如《初發
揚子寄元大校書》：

> 淒淒去親愛，泛泛入煙霧。
>
> 歸棹洛陽人，殘鐘廣陵樹。
>
> 今朝此爲別，何處還相遇。
>
> 世事波上舟，沿洄安得住！

韋詩的風格直承陶淵明、孟浩然一路，以平淡爲歸。但表面的平淡，往往掩不住內在的豐厚意蘊和深長情思。這首詩也是如此。以「親愛」稱對方，可知交誼非同一般。唯其如此，開篇便托出「淒淒」二字，直陳別離的感傷。這自然不夠「平淡」。但三、四句卻「平淡」之極。舟行漸遠，鐘聲漸微，但廣陵樹色猶可望見。繾綣難捨的惜別之情，正從這回眸凝望之態中透出。

　　中唐後期，即貞元、元和之際，被高棅《唐詩品匯》譽爲「唐詩之再盛」階段，不僅白居易、韓愈、柳宗元、劉禹錫、李賀等獨樹一幟的著名詩人都有優秀的別離詩傳世，而且成就稍亞於他們的元稹、孟郊、賈島等也都出手不凡。以孟郊而言，他的《古別離》與《古怨別》便很別致：

　　　　欲別牽郎衣，郎今到何處？
　　　　不恨歸來遲，莫向臨邛去。
　　　　　　　　　——《古別離》
　　　　颯颯秋風生，愁人怨離別。
　　　　含情兩相向，欲語氣先咽。
　　　　心曲千萬端，悲來卻難說。
　　　　別後唯所思，天涯共明月。
　　　　　　　　　——《古怨別》

前詩的主人公是一位深於情、專於情的痴心女子。臨別之際，強牽「郎衣」，這一嬌憨的動作，傳達了她不忍丈夫遽離的意願。繼此之後，作者又記錄下她那嬌憨的話語。「郎今到何處」，本不該到臨別時才向丈夫發問，這已令人費解；但更費解的還是緊接著的「不恨歸來遲」一句：對於任何鐘情的女子來說，丈夫的遲歸都是恨事，「不恨」，該是多麼有悖常情！難道她因悲痛過度而導致語言錯亂？不然。末句「莫向臨邛去」揭開謎底，使讀

者疑寶頓去。「臨邛」，是漢代辭賦家司馬相如與卓文君相識相戀之地，後代多借以喻指男子另覓新歡的處所。此詩亦然。明乎此，就不難悟得：女主人公之所以「不恨歸來遲」，是因為「臨邛去」比「歸來遲」更為可恨，所謂「兩害相權取其輕」也；而她之所以叩問「郎今到何處」，則是因為羞於直接吐露自己心底的隱憂，而故意繞一個彎子。這樣謀篇布局，確實是回環婉曲，搖曳生情。後詩前兩句以秋風渲染離情，固然新意無多，但三、四句著力刻劃離人淚眼相向、欲語先咽的情態，卻十分生動傳神，為柳永名句「執手相看淚眼，竟無語凝噎」所本。最後兩句則本於謝莊《月賦》「隔千里兮共明月」，用開闊的畫面展示了離人對別後情景的遐想，使惜別深情輻射到悠遠的將來。

　　晚唐時期，杜牧、李商隱異軍突起，使唐詩於衰微之際還能出現幾抹燦爛的晚霞。他們以奔軼絕塵的才力吟詠別離，自然擅一時之勝：

　　　日暖泥融雪半消，行人芳草馬聲驕。

　　　九華山路雲遮寺，清弋江村柳拂橋。

　　　君意如鴻高的的，我心懸旆正搖搖。

　　　同來不得同歸去，故國逢春一寂寥。

　　　　　　　　──杜牧《宣州送裴坦判官往舒州，時牧欲赴官

　　　歸京》

　　　相見時難別亦難，東風無力百花殘。

　　　春蠶到死絲方盡，蠟炬成灰淚始乾。

　　　曉鏡但愁雲鬢改，夜吟應覺月光寒。

　　　蓬山此去無多路，青鳥殷勤為探看。

　　　　　　　　──李商隱《無題》

杜詩寫景入妙，抒情入神。作者先勾勒出一幅「春郊送別」的素

描：積雪半消，凍土初融，芳草新綻，馬聲驕鳴，而統攝這一切的則是和煦的春日。作者與友人在這樣的環境與氛圍中別離，觸目感懷是難以避免的事情。接著推出的「九華山寺雲遮路，清弋江村柳拂橋」這兩幅畫面亦屬美景，不過，它已不是眼前所見，而是想像得之了。「雲遮寺」、「柳拂橋」，既足以體現地方風物和季節特色，又暗示出作者對友人歸途的關切之意和惜別時的依戀之情──「雲」、「柳」，原本就是別離主題賴以生發的意象（詳見第三章）。兩句一山一水，一遠一近，一高一低，頗見參差錯落之致。如果說前半篇以寫景為主而情融景中的話，那麼後半篇則以抒情為主而景映情中。「君意」二句揭示友人與自己的不同心境：友人新近登第，躊躇滿志；自己宦海浮沉，宏圖難展。這樣，臨歧執手，便不能不悵然若失，而難以像友人那樣開朗、樂觀了。但這層意思並沒有直說，而以「如鴻高的的」與「懸旆正搖搖」這兩個比喻曲折道出。這就使情中有景、相得益彰。李詩亦多以象徵手法托物寄意，借景抒情。首句點出唯其相見不易，別離時才格外難分難捨。次句描寫別離時百花凋零、東風無力的景象，以之寫照離人衰颯、悲涼的心境。三、四句是臨別時離人發出的愛情的盟誓：只要一息尚存，離思與別淚便將綿綿無盡、涔涔不乾。托言于「春蠶」、「蠟炬」，其意深曲，其思宛轉。所以一經吟成，便不脛而走，廣為傳誦。五、六句設想別後對方對鏡自傷及月夜行吟情景，以對方相思之烈烘托自己惜別之深。七、八句則是別前的殷殷叮嚀：既然相距非遠（按：相距非遠，卻難謀一見，其間分明橫亘著一道無形或有形的壁壘。），那就經常藉「青鳥」互通信息，以慰離思，以遣別懷吧！全篇以一個「別」字為主眼，層層翻轉，情韻悠長。

　　「詞為艷科」，唐五代詞以別離為題材者尤多。試以韋莊的

《菩薩蠻》爲例略加評賞：

> 紅樓別夜堪惆悵，香燈半卷流蘇帳。殘月出門時，美人和
> 淚辭。　　琵琶金翠羽，弦上黃鶯語。勸我早歸家，綠窗
> 人似花。

詞的抒情主人公是一位因久滯他鄉而倍加渴望鴛夢重溫的遊子。上片便由他對離家出走的痛苦時刻的深情回憶起筆。「殘月出門時，美人和淚辭」。「和淚辭」，令人想見其心上人當時淚流滿面，猶如芙蓉浥露、梨花帶雨的可愛復可憐的情態。心上人尚且如此悲痛欲絕，即將天涯孤旅的主人公的中腸該受到怎樣的摧傷！下片再現男女主人公淒然話別的場景。「琵琶」二句是說「美人」輕彈琵琶，將一腔離愁別恨都傾注在「說盡心中無限事」的弦聲中。「黃鶯語」，指琵琶所發出的黃鶯巧囀般美妙動聽的音樂語言。「勸我」二句是男主人公對「弦上黃鶯語」的獨特解會：在他聽來，這琵琶聲聲，多像美人的嚶嚶叮嚀，叮嚀他早日歸來，莫讓綠窗下如花似玉的人兒望斷秋波。以如花之美人，發如鶯之弦語，此情此境，眞是麗極淒絕！

宋代詞人中，從開宗立派的詞壇巨擘蘇軾、辛棄疾，到獨運靈光的詞苑名家歐陽修、晏殊、晏幾道、秦觀、賀鑄等，無不「刻意傷春復傷別」。當然，詞境有異於詩境——作爲「狹深文體」和「心緒文學」，詞境比詩境更加精微窈深。正如有識者所指出的那樣：「詞之所言，既爲人生情思意境之尤細美者，故其表現之方法，如命篇、造境、選聲、配色，亦必求精美細致，始能與其內容相稱」。（繆鉞《論詞》）且看實例：

> 尊前擬把歸期說，欲語春容先慘咽。人生自是有情痴，此
> 恨不關風和月。　　離歌且莫翻新闋，一曲能教腸寸結，
> 直須看盡洛城花，始共春風容易別。

——歐陽修《玉樓春》

留人不住，醉解蘭舟去。一棹碧濤春水路，過盡曉鶯啼處。

渡頭楊柳青青，枝枝葉葉離情。此後錦書休寄，畫樓雲雨無憑。

——晏幾道《清平樂》

車馬匆匆，會國門東。信人間、自古銷魂處，指紅塵北道，碧波南浦，黃葉西風。　　侯館娟娟新月，從今夜、與誰同？想深閨、獨守空床思，但頻占鏡鵲，悔分釵燕，長望書鴻。

——賀鑄《好女兒》

山抹微雲，天粘衰草，畫角聲斷譙門。暫停征棹，聊共引離尊。多少蓬萊舊事，空回首、暮靄紛紛。斜陽外，寒鴉萬點，流水繞孤村。　　銷魂、當此際，香囊暗解，羅帶輕分，謾贏得、青樓薄倖名存。此去何時見也？襟袖上、空惹啼痕。傷情處，高城望斷，燈火已黃昏。

——秦觀《滿庭芳》

歐詞對離情別緒的抒寫是多麼深微、隱曲！即以起二句而言：「尊前」，本是歡樂的場合；「春容」，原是美麗的形象。但「尊前」所要陳說的卻是指向別離的「歸期」，歡樂便煙消雲散，美麗也無復意義，取而代之的是動容復傷心的「慘咽」。「擬把」、「欲語」，兩句連言，有多少不忍道出的婉轉的深情？晏詞實際上是對歐詞中「人生自是有情痴」一句的形象化演繹。作者懷著難以割捨的痴情，對心上人苦苦相留。但痛飲一醉後她卻還是解纜而去，作者只能不勝眷戀而又不無沮喪地目送一葉小舟在「碧濤春水」中悠悠飄蕩，直到它消失於「曉鶯啼處」。人已去，情未了。別後作者又久久地徘徊於渡頭，於是，渡頭那青青楊柳，

彷彿葉葉枝枝都浸透著他的離愁別恨。此愁此恨，當然與「風」、「月」無關。愁恨到極點，作者竟在篇末作訣絕之辭：「此後錦書休寄，畫樓雲雨無憑。」賀詞中既饒惜別之情，又富悔別之意。僅由上片末三句也不難窺得其匠心：三句循例作鼎足對。「紅」、「碧」、「黃」爲顏色，「北」、「南」、「西」爲方位，都屬工對；而「北道」、「南浦」、「西風」除相互爲對外，又與上文「門東」遙相照應。不僅如此，「碧波南浦」，既與冠之於前的「紅塵北道」相關合，分別指代水路送別和陸路送別，又與綴之於後的「黃葉西風」相比並，分別指代春日送別和秋日送別。因此，清人陳延焯在《詞則・別調集》中稱贊這三句及下片末三句「俱有三層意義，不似後人疊床架屋，其病百出也。」秦詞寫於被目爲舊黨成員的作者外調爲杭州通判、不得不滿懷憂傷地與他所深情眷戀的心上人揮淚作別時。因此，詞中所抒寫的離情別緒實際上是與仕宦失意的身世之感交織、融合在一起的。正因爲這樣，全詞顯得婉約而又凝重、綿邈而又深沉。最便於觀照其身世之感的筆墨是上片中的「多少蓬萊舊事，空回首、暮靄紛紛」二句。「蓬萊舊事」，是指他任職秘閣期間的那一段生活。那是怎樣一段不堪回首卻又難以忘懷的生活啊！據《宋史》本傳載，秦觀生性豪儁，且胸懷大志，銳意進取。因而，身居黃本校勘這一卑微職務，已使他產生沉淪下僚的失意之感。無妨認爲，正是在這種失意之感的驅遣下，他才寄身青樓，征管逐弦，結下若干紅顏知己。如今，他又爲黨爭所累，遭貶外調，不惟理想的實現更加遙遙無期，而且連心上人也不復能長相廝守。這樣，在常人所較易感受的離情別緒中，又怎能不深深地滲透進常人所較難體會的身世之感？「暫停征棹，聊共引離尊」。在這把盞同飲、酒酣耳熱之際，有多少辛酸的往事如煙似霧般地彌漫在他心頭，卻

不便、也不敢直陳。細加把玩，「空回首、暮靄紛紛」，乃妙語雙關，既是實寫眼中所見之景，又是虛擬心中所感之情。「空回首」的「空」字，披露出作者內心的深沉感慨：希望成空，往事堪哀，當他告別情侶、離開京城時，帶走的只有痛苦的記憶。這便是周濟《宋四家詞選》所說的「將身世之感，打並入艷情，又是一法」。

　　別離，在宋代婉約詞裡實在是被寫濫了的題材。有人曾經打過一個比方：對於婉約詞人來說，它彷彿是體操比賽中的「規定動作」，人人都得表演一番。的確如此。在這一規定動作的比賽中力挫群雄、得分最高的，在我看來，北宋時期是柳永和周邦彥，南宋時期則是姜夔和吳文英。先看柳詞三首：

寒蟬淒切，對長亭晚，驟雨初歇。都門悵飲無緒。方留戀處，蘭舟催發。執手相看淚眼，竟無語凝噎。念去去、千里煙波，暮靄沉沉楚天闊。　　多情自古傷離別，更那堪、冷落清秋節。今宵酒醒何處？楊柳岸、曉風殘月。此去經年，應是良辰好景虛設。便縱有千種風情，更與何人說？

　　　　——《雨霖鈴》

月華收，雲淡霜天曙。西征客，此時情苦。翠娥執手，送臨岐、軋軋開朱戶。千嬌面、盈盈佇立，無言有淚，斷腸爭忍回顧？　　一葉蘭舟，便憑急槳凌波去。貪行色，豈知離緒。萬般方寸，但飲恨、脈脈同誰語？更回首、重城不見，寒江天外，隱隱兩三煙樹。

　　　　——《采蓮令》

參差煙樹灞陵橋，風物盡前朝。衰楊古柳，幾經攀折，憔悴楚宮腰。　　夕陽閒淡秋光老，離思滿蘅皋。一曲陽關，斷腸聲盡，獨自憑蘭橈。

──《少年游》

柳永擅長用長調鋪敘男女別情。以上引錄的三首詞中，第一首以
冷落的秋天景物作襯托，精心刻劃一對情侶臨別之際難捨難分、
兩情依依的場景，進而想像別後難堪的愁緒離衷。虛實相間，點
染結合。而其行文，時而備極回環、頓挫、舌吐之致，時而又大
氣包舉，一瀉千里。其中「今宵酒醒何處？楊柳岸、曉風殘月」
二句不僅虛中有實、虛景實寫，而且集中了岸邊垂楊、拂曉秋風、
天際殘月等容易觸動離愁的典型景色，給讀者留下馳騁想像的寬
廣天地，不愧爲千古佳句。前人對這首詞的藝術造詣推崇備至。
明人李攀龍認爲：「『千里煙波』，惜別之情已騁；『千種風情』，
相思之願已賒。眞所謂善傳神者」。（見《草堂詩餘雋》）清人
劉熙載更從中總結出一條重要的藝術經驗：「詞有點染，耆卿《
雨霖鈴》『念去去』三句點出離別冷落；『今宵』二句乃就上三
句染之。點染之間，不得有他語相隔，否則警句亦成死灰矣」。
（《藝概・詞概》）第二首不僅結構與前詞相若，而且也多用白
描手法進行鋪敘，而語言則較前詞更加明白如話、雅俗共賞。「
千嬌面、盈盈佇立，無言有淚，斷腸爭忍回顧？」寥寥十餘字，
不用典，不著色，卻寫盡痛斷肝腸、愁損清眸的惜別深情，眞是
「狀難寫之景如在目前，含不盡之意見於言外」。第三首敘寫作
者乘舟離別長安時的所見所感，著墨點已與前詞有異；而手法也
不相同：多用與別離有關的典故（如「灞橋煙樹」、「一曲陽關」
等）勾起讀者對離愁的聯想，又融化李白《憶秦娥》（簫聲咽）
詞意，用「西風殘照」的秋光、夕陽，烘托「灞陵傷別」的情懷，
頗具象外之致、味外之旨。再看周詞三首：

> 隋堤路。漸日晚、密靄生煙樹。陰陰淡月籠沙，還宿河橋
> 深處。無情畫舸，都不管、煙波隔南浦。等行人，醉擁重

衾，載將離恨歸去。　　因念舊客京華，長偎傍、疏林小
檻歡聚。冶葉倡條俱相識，仍慣見、珠歌翠舞。如今向、
漁村水驛，夜如歲、焚香獨語。有何人、念我無聊，夢魂
凝想鴛侶。

　　　　　　——《尉遲杯·離恨》

河橋送人處，涼夜何其。斜月遠墮余輝，銅盤燭淚已流盡，
霏霏涼露沾衣。相將散離會，探風前津鼓，樹杪參旗。花
驄會意，縱揚鞭、亦自行遲。　　迢遞路回清野，人語漸
無聞，空帶愁歸。何意重紅滿地，遺鈿不見，斜徑都迷。
兔葵燕麥，向殘陽、欲與人齊。但徘徊班草，唏噓酹酒，
極望天西。

　　　　　　——《夜飛鵲》

月皎驚烏栖不定，更漏將殘，轆轤牽金井。喚起兩眸清炯
炯，淚花落枕紅綿冷。　　執手霜風吹鬢影，去意徘徊，
別語愁難聽。樓上欄杆橫斗柄，露寒人遠難相應。

　　　　　　——《蝶戀花·秋思》

陳洵《海綃說詞》評《尉遲杯·離恨》一詞云：「『隋堤』一境，
『京華』一境，『漁村水驛』一境，總入『焚香獨自語』一句中」。
這就是說，作者是在夜宿水驛、焚香獨坐時展開對別離情景的追
憶的。雖是追憶中事，作者卻運以實寫之筆，一如即目直尋所得，
讀來亦宛然若見，這正是清真之絕技。同時，從詞中還見出清真
另一絕技，那就是善於融化前人詩句。如上片「陰陰淡淡月籠沙」
一句乃融化杜牧《泊秦淮》「煙籠寒水月籠沙」詩意；「無情畫
舸」以下數句乃融化鄭文寶《柳枝詞》「亭亭畫舸繫寒潭，直待
行人酒半酣，不管煙波與風雨，載將離恨過江南」詩意；下片「
冶葉倡條俱相識」乃融化李商隱《燕台》「冶葉倡條遍相識」詩

意，但情景俱真，悉如新構。《夜飛鵲》一詞是作者的自度曲，所以能因聲宛轉，隨意馳騁。全詞「自將行至遠送，又自去後寫懷望之情，層次井井而意致綿密，詞采穠深，時出雄厚之句，耐人咀嚼」。（黃蓼園《蓼園詞選》）《蝶戀花·秋思》一詞亦依循別前、別時、別後的時間線索，將離情別緒漸次導向高潮。景物的構置完全順應人物情緒的變化，堪稱景因情設，情隨景遷。「其意淡遠，其氣渾厚，其音節又復清妍和雅」（戈載《宋七家詞選》），確屬別離詞中的上乘之作。至於姜夔、吳文英的別離詞，上乘之作亦復多矣！如：

> 漸吹盡、枝頭香絮，是處人家，綠深門戶。遠浦縈回，暮帆零落向何許。閱人多矣，誰得似青青長亭樹。樹若有情時，不會得青青如此。　　日暮，望高城不見，只見亂山無數。韋郎去也，怎忘得玉環分付：「第一是早早歸來，怕紅萼無人為主！」算空有并刀，難剪離愁千縷。

──姜夔《長亭怨慢》

> 送客吳皐，正試霜夜冷，楓落長橋。望天不盡，背城漸杳，離亭黯黯，恨水迢迢。翠香零落紅衣老，暮愁鎖、殘柳眉梢。念瘦腰、沈郎舊日，曾繫蘭橈。
>
> 仙人鳳回瓊簫，悵斷魂送遠，《九辯》難招。醉鬟留盼，小窗剪燭，歌雲載恨，飛上銀霄。素秋不解隨船去，敗紅趁一葉寒濤。夢翠翹，怨鴻過南譙。

──吳文英《惜黃花慢》

兩宋詞人中，擅長自度曲的除柳永、周邦彥外，便數姜夔了。這首《長亭怨慢》與他的《暗香》、《疏影》、《揚州慢》等名篇一樣，先率意作詞，後協律作曲。詞前的小序清楚地說明了這一點：「予頗喜自度曲，初率意為長短句，然後協以律，故前後闋

多不同。」小序中還意味深長地寫道：「桓左司馬云：『昔年種柳，依依漢南；今看搖落，淒愴江潭；樹猶如此，人何以堪』。此語予甚愛之」。突出桓溫種柳、嘆柳事，是因爲此詞乃惜別合肥情侶之作，而合肥多柳（《淡黃柳》序云：「客居合肥南城赤闌橋之西，巷陌淒涼，與江左異，唯柳色夾道，依依可憐」。），故借以起興。與此相應，詞的上片也多落筆於柳色：一起寫柳老絮盡，似乎已無生發餘地，但「閱人多矣」，卻於山重水複處推出一片路轉峰回的新境界，用筆曲折跌宕而又流轉自如。人們慣常在長亭折柳送別，因此，長亭柳樹確是「閱」盡人間別離慘劇。但在作者意中，它卻是那樣冷漠無情，因爲樹若有情，置身在別離的氛圍中，也應憂傷憔悴，而不當如是青翠。一提、一頓、復一轉，傷離恨別之情盡皆溢出。吳詞慣於將幻與眞、隱與顯、虛與實、情與景、今與昔交織融合在一起。這首詞亦是如此。如「離亭黯黯，恨水迢迢」二句移情於景，已給人亦虛亦實、似眞似幻之感。續以「翠香零落紅衣老」以下三句，睹敗荷而增別恨，見殘柳而添離愁，同樣是虛實結合、情景相生。接著，「念瘦腰」三句再從「殘柳」生發，撫今思昔，而黯然銷魂之情益加昭彰，呼之欲出。張炎嘲諷吳詞「如七寶樓台，拆碎下來，不成片斷」（《詞源》），顯然是以偏概全。

在「詩莊詞媚」的傳統觀念支配下，宋人表現別離題材時更多地使用詞的形式。因此，宋詩中描寫別離的作品，總數雖亦燦然可觀，但在全部宋詩中所占的比重卻小於宋詞。當然，其中不乏精粹之作。如：

> 斷腸聲裡無形影，畫出無聲亦斷腸。
> 想得陽關更西路，北風低草見牛羊。（其一）
> 人生好乖當語離，龍眠貌出斷腸詩。

　　渭城柳色關何事？自是離人作如悲。（其二）

──黃庭堅《題陽關圖二首》

離合不可常，去處兩無策。

渺渺孤飛雁，嚴霜欺羽翼。

使君南道主，終歲好看客。

江湖尊前深，日月夢中疾。

世事不相貸，秋風撼瓶錫。

南雲本同征，變化知無極。

四年孤臣淚，萬里遊子色。

臨別不得言，清愁漲胸臆。

──陳與義《巳酉九月自巴丘過湖南別粹翁》

年高雪滿簪，喚渡浙江潯。

花落一杯酒，月明千里心。

鳳凰身宇宙，麋鹿性山林。

別後空回首，冥冥煙樹深。

鄭思肖《送友人》

通常認為，不甘隨人作計的宋代詩人為了在唐詩盛乎難繼的局面下自開戶牖、另闢蹊徑，往往更注重詩的筋骨思理，表現出騁才使氣、議論風發、瘦硬通神等傾向。這從總體上說是不錯的。但也不盡然。以上徵引的三首宋詩便以情致綿邈為基本特徵。黃詩屬題畫詩，所題乃李公麟（字伯時，號龍眠居士）據王維《送元二使安西》詩意繪成的《陽關圖》。題畫是宋人的風習，本非難事；難的是前有王維絕唱，易受束縛。但黃詩卻能因難見巧，翻出新意。前詩一、二句縱筆墨於畫面之內，既以「斷腸」起，復以「斷腸」結，通過語意的回環往復，在稱許畫意逼真的同時，極寫別離之悲。三、四句則馳想像於畫面之外，活用北朝樂府《

敕勒歌》中「風吹草低見牛羊」句，虛擬出離人西出陽關、得睹
塞外風物後的吞聲嗚咽之狀。後詩首句語本陶淵明《答龐參軍詩
序》「人事好乖，便當語離」，意謂人生諸多乖戾事中以別離爲
最。這就逼出次句：既然惜別乃人情之常，李氏便用畫筆巧妙傳
達出王維詩意，使一詩一畫，珠連璧合，互相輝映。三、四句就
畫面上的「柳色」展開議論：渭城柳色與人間別離原不相干，只
是離人自挾如許悲意，並將它強加給柳色而已。這豈不也就是歐
陽修所說的「人生自是有情痴，此恨不關風和月？」陳詩將「感
時」與「恨別」揉爲一體。這就是說，它是在戰亂頻仍、國無寧
日的時代背景下展開對離情別緒的抒寫的，從而使其愁其恨顯得
格外深沉、格外厚重。詩一開篇，作者便直抒離合無常、世事莫
測、進退維谷之感，接著自托爲「眇眇孤飛雁」，曲折流露出離
群失偶的憂傷。又以「秋風撼瓶錫」自況，感嘆自己像雲遊天下
的僧人一樣，漫無目的地飄泊四方。而「南雲本無征」，則是隱
喻時局變幻不定。「四年」、「萬里」，從時空兩方面進一步烘
托和強化時乖命蹇之悲。篇末回應題意，直陳臨別之際哽咽無語、
清愁塡膺的情景。鄭詩首聯將特寫鏡頭對準友人雪白的鬢髮，而
以煙水迷離的江面作爲襯景，一開始便渲染出送別時所特有的悲
涼氣氛。頷聯在工整的對偶和鮮明的形象中融入惜別的感傷和友
誼天長地久的祝願。頸聯抒寫友人與自己所共有的抱負和志趣，
卻不是「質直言之」，而是「比興言之」，即托言於「鳳凰」與
「麋鹿」。尾聯寫別後回望友人歸帆，徒見煙籠江樹，暝色昏暗。
這一特定景色，不僅隱含著惜別的悵惘，而且暗示了處於易代之
際的作者的心境的蒼涼和心緒的迷亂。作爲別離文學繁盛期的作
品，它和以上引錄的其他別離詩詞一樣，對別離主題的藝術表現
是清湛而獨到的。

第四節　元明清：別離文學的嬗變期

「若無新變，不能代雄」。別離文學發展的浪潮沿著歷史的河床，由唐代流入元明清後，要避免盛極而衰的尷尬局面，就必須謀求新的航道、新的載體，即進行必要的嬗變。而元明清時期那些富於創造性的作家則以自己的藝術實踐促成了這種嬗變。所謂「嬗變」，包含著兩層意思：其一是說進入元明清時期以後，別離詩詞雖經作家們付出挽狂瀾於既倒式的艱苦努力，卻終究未能擺脫日趨衰微的命運。儘管別離詩詞的數量也許還遠遠超過唐宋時期，但質量不及唐宋時期亦遠矣。（僅僅以數量著眼來稱道唐宋時期別離詩詞的繁榮，那只是一種皮相的看法。）這與其說是元明清時期的詩詞家的才力較前人貧弱的緣故，不如說是文體發展的必然規律使然。其二是說作為一種文學現象的補償，別離文學在元明清時期被作家們賦予新的充滿生機與活力的載體，那就是散曲、戲劇與小說，從而又具備了廣闊的發展前景。這也就是說，詩詞在別離文學諸種形式中的「霸主」地位，已由散曲、戲劇與小說所取代。「嬗變」者，此之謂也。

確實，鳥瞰元明清時期的別離詩詞，我們只能遺憾地說，其創新成分少，因襲成分多；絕大部分作品從謀篇布局到役景造境都跳不出前人窠臼。且看兩首明詩：

津亭楊柳碧毿毿，人立東風酒半酣。

萬點落花舟一葉，載將春色過江南。

　　　　　　──陸娟《代父送人之新安》

江漢風煙遲早春，關山雨雪暗邊塵。

臨歧莫動殊方感，余亦東西南北人。

——《送馬歆湖赴河南提學》

前詩一望即知是由宋初鄭文寶的《柳枝詞》搗攉而來。不僅意境與原作相似，語言也未能洗去脫化的痕跡。雖不便說它了無新意，終究新意不多，難以自立於別離文學之林。後詩的作者邊貢是明代標榜「文必秦漢，詩必盛唐」的前七子之一，自然不會像名不見經傳的前詩作者那樣過於明顯地模仿前人，但至少詩的後兩句在構思上受到王勃《送杜少府之任蜀川》中「與君離別意，同是宦游人」二句的啓迪。又如李東陽的《送李宗衡還閩》：「淮上春深水接煙，遙聞別雁入平川。雲移遠樹猶回馬，風斷高城正繫船」。李攀龍的《送子相歸廣陵》：「廣陵秋色雨中開，繫馬青楓江上台。落日千帆低不度，驚濤一片雪山來」。也都給人似曾相識之感。這些，已屬其中較好的作品，那些等而下之的作品風貌如何，可想而知。

　　當然，別離詩詞在元明清時期的衰微，只是一種總體趨勢，並不排除這一時期仍能不時出現一些優秀作品的可能性。打個比方來說，如果由唐宋和元明清的詩詞家各組成一個競技團的話，那麼，後者的團體總分固然將大大落後於前者，但在單個的對抗賽中，後者卻不一定場場敗北，或許也有一人或數人能出奇制勝，使強悍的對手刮目相看。爲了強調別離文學的嬗變，便諱言這一點，那也是自欺欺人。在我看來，明代史鑒的《解連環‧送別》一詞便頗耐尋味：

> 銷魂時候，正落花成陣，可人分手。縱臨別重訂佳期，恐軟語無憑，盛歡難又。雨外春山，會人意，與眉交皺。望行舟漸隱，恨殺當年，手栽楊柳。　　別離事，人生常有。底何須爲著，成個消瘦。但若是兩情長，便海角天涯，等是相守。潮水西流，肯寄我，鯉魚雙否？倘明年，來游燈

　　市，爲儂沽酒。

以直率語，抒宛轉情，這與柳永相似。同時，詞中又多化用秦觀佳句，如「正落花成陣」，本乎秦觀《水龍吟》中的「紅成陣」；「但若是人情長」，則本乎秦觀《鵲橋仙》中的「兩情若是久長時」。但置於篇中，前後俱無「嫁接」之痕、「縫合」之跡，一如己出。這在明詞中尚不多見。至於元明清時期的別離詩，也有堪讀者，如明代高啓的《送沈左司從汪參政分省陝西》、袁宏道的《江上送別》、徐禎卿的《送蕭若愚》、清代吳嘉紀的《送王季鴻之西冷》、龔鼎孳的《如農將返眞州，以詩見貽，和答二首》、鄭板橋的《別梅鑒上人》，康有爲的《送張十六翰林延秋先生還京》，黃遵憲的《別張簡唐並示陳緯尙》等。雖然不及唐詩氣韻生動、波瀾老成，卻也有悠長的離思，且都著力將內情與外景契合爲一個動人心弦的藝術境界，讀來饒有餘味。

　　也許是我的偏嗜──我總覺得，在元明清時期的別離詩中，以生活於明清易代之際的顧炎武和王夫之的作品最爲雄渾、悲壯，因而也最　能給人蕩氣迴腸之感：

　　　歌舞相遇都門道，只有王生是故人。

　　　原廟松楸頻眺望，夾城花萼屢經巡。

　　　悲歌絕塞將歸客，學劍空山未老身。

　　　貰得一杯燕市酒，傾來和淚濕車輪。

　　　　　　　　──顧炎武《送王文學麗正歸新安》

　　　舊京秋色轉霏微，目送毗陵一雁飛。

　　　笑我畏人能久客，嗟君懷土便思歸。

　　　風高海氣龍王廟，水落江聲燕子磯。

　　　卉布家鄉多已作。此行須換芰荷衣。

　　　　　　　　──顧炎武《送張山人應鼎還江陰》

木葉橫飛江上煙，愁人愁問汎湘船。

蘋花小泊生洲草，鷗鳥中分水影天。

夜雨易驚新蝶夢，寒光猶射舊龍淵。

殷勤盡拾江山淚，歸向丹楓哭墓田。

　　　　　——王夫之《送須竹之長沙》

相逢及送別，都在落花時。

霜雪添雙鬢，兵戈共一枝。

江湖空在望，天地盡堪疑。

顧陸煩憑弔，吾生未有期。

　　　　　——王夫之《送載謀歸吳淞二首》其一

顧氏痛感明亡後士大夫屈仕清朝、喪盡氣節，遂倡「天下興亡，匹夫有責」之說，以激發人們的故國之思和救國之志。他曾遊歷山東、河北、山西諸邊塞，考察山川形勢；又墾荒於雁門之北，爲反清復明積極準備條件。雖因勢孤力單，其志未果，但他始終堅持不與清朝統治者合作的態度。這樣，在他的送別詩中，別離之恨便往往與黍離之悲揉合在一起。上引兩首顧詩，前詩悲歌慷慨，將耿耿孤臣心與殷殷惜別情一並托出。篇末提到的「酒」與「淚」，雖是別離詩詞中習見的意象，卻有著獨特的內涵：其酒既是「燕市酒」，其淚必是「憂國淚」。「燕市酒」融和著「憂國淚」，傾濕了友人乘坐的車輪，作者內心故國未復、壯志未酬的憂憤該有多麼深沉！後詩在嗟嘆友人離去的同時，對他寄予了早日歸隱湖山以保全民族氣節的期勉。而王氏，其平生志業正與顧氏相彷彿。因此，發爲歌詩，總也抹不去敵國的影子。「殷勤盡拾江山淚，歸向丹楓哭墓田」。以這沉痛而不失氣骨的詩句結篇，既渲染了惜別之情，更使全詩籠罩在一種江山易主、故國淪亡的黍離之悲中。在別離詩詞日趨衰微的過程中，能讀到這樣的

作品，令人精神爲之一振。

　　伴隨著別離詩詞的衰微趨向的，則是以散曲、戲劇、小說爲載體的其他別離文學形式的勃興。就小說而言，不僅長篇小說中有大段的描寫別離的文字，如羅貫中《三國演義》第三十六回「玄德用計襲樊城，元直走馬荐諸葛」，吳承恩《西遊記》第十二回「玄奘秉誠建大會，觀音顯像化金蟬」，第二十七回「屍魔三戲唐三藏，聖僧恨逐美猴王」，施耐庵《水滸傳》第二十三回「橫海郡柴進留客，景陽岡武松打虎」，第三十二回「武行者醉打孔亮，錦毛虎義釋宋江」，吳敬梓《儒林外史》第十五回「葬神仙馬秀才送喪，思父母匡童生盡孝」，等等；而且有不少短篇小說通篇所描寫的就是一個曲折的別離故事，如馮夢龍《醒世恆言》中的《白玉娘忍苦成夫》、《張廷秀逃生救父》、《警世通言》中的《范鰍兒雙鏡重圓》、《宋小官團圓破氈笠》、《玉堂春落難逢夫》，抱甕老人《今古奇觀》中的《沈小霞相會出師表》、《蔣興哥重會珍珠衫》、《崔俊臣巧會芙蓉屏》，等等。這些短篇小說既以別離爲主要情節線索，開篇與終篇處往往還各用一首七言詩概括一篇題旨，並表達作者的感嘆之意或欣羨之情。如《白玉娘忍苦成夫》篇末附詩爲：「六日夫妻廿載別，剛腸一樣堅如鐵。分鞋今日再成雙，留與千秋作話說」。《范鰍兒雙鏡重圓》篇末附詩爲：「十年分散天邊鳥，一旦團圓鏡裡鴛。莫道浮萍偶然事，總由陰德感皇天。」《崔俊臣巧會芙蓉屏》篇首題詩爲：「夫妻本是同林鳥，大限來時各自飛。若是遺珠還合浦，卻教拂拭更生輝。」詩本身固然拙劣得很，小說也帶有市民小說所不免沾染的庸俗氣息和宿命色彩，但它們對作品主人公悲歡離合的遭遇的描寫卻是細致、生動、曲折的。如果說別離詩詞主要是以綿邈、悠長的情韻來感染讀者的話，那麼，它們則主要是以生動、

曲折的情節來吸引讀者（詳見第五章第二節），而人物對別離的怨恨、對團圓的企盼，都融化在生動、曲折的情節中。

在戲劇方面，無論是元代的雜劇、南戲，還是明清的傳奇，都有大量的作品以人物的離別聚散作為主要的戲劇衝突或戲劇衝突之一。元代雜劇如王實甫的《西廂記》、馬致遠的《漢宮秋》、白樸的《梧桐雨》、楊顯之的《瀟湘雨》、石君寶的《秋胡戲妻》、鄭光祖的《倩女離魂》、喬吉的《兩世姻緣》，南戲如高明的《琵琶記》、施惠的《拜月亭》以及《白兔記》、《荊釵記》等皆然。其中，《西廂記》第四本第三折（即鶯鶯送別張生一折）、《漢宮秋》第三折（即元帝送別昭君一折）。《倩女離魂》第一折（即倩女送別文舉一折）、《琵琶記》第五齣（即五娘送別伯喈一齣）對人物離情別緒的刻劃尤為集中、尤為精粹。如《琵琶記》第五齣通過趙五娘與蔡伯喈臨別時的對白與唱詞，再三發出「世上萬般哀苦事，無過生離與死別」的浩嘆：

> 「尾犯」（旦唱）懊惱別離輕，悲豈斷弦，愁非分鏡。只慮高堂，怕風燭不定。（生唱）腸已斷欲離未忍，淚輕收無言自零。（合）空留戀，天涯海角，只在須臾頃。
>
> 〔尾犯序〕（旦唱）無限別離情，兩月夫妻，一旦孤另。此去經年，望迢迢玉京。思省，奴不慮山遙路遠，奴不慮衾寒枕冷；奴只慮，公婆沒主一旦冷清清。
>
> 〔前腔換頭〕（生唱）何曾，想著那功名？欲盡子情，難拒親命。我年老爹娘，望伊家看承。畢竟，你休怨朝雨暮雲，只得替著我冬溫夏清。思量起，如何教我割捨得眼睜睜。
>
> 〔前腔〕（旦唱）儒衣才換青，快著歸鞭，早辦歸程。十里紅樓，休重娶娉婷。叮嚀，不念我芙蓉帳冷，也思親桑

榆暮景。親祝付，知他記否空自語悻悻。

　　〔前腔〕（生唱）寬心須待等，我肯戀花柳，甘爲萍梗？
只怕萬里關山，那更音信難憑。須聽，我沒奈何分情破愛，
誰下得虧心短行。（合）從今去，相思兩處，一樣淚盈盈。

　　〔鷓鴣天〕（生唱）萬里關山萬里愁。（旦唱）一般心事
一般憂。（生唱）親闈暮景應難保，客館風光怎久留？（
旦唱）他那裡，漫凝眸，正是馬行十步九回頭。歸家只恐
傷親意，閣淚汪汪不敢流。

戲劇在體制上的特點，決定它只能憑借劇中人物自己的對白和唱
詞來敘述故事、推進情節、深化戲劇衝突。因而，它對人物心理
的刻劃與描摹必然比詩歌、小說更加細膩與深刻，也更加不惜潑
墨淋漓。這段唱詞便是如此。蔡伯喈上京應舉，撇下年邁的雙親
和全家生活的重擔，不用說，趙五娘該多麼盼望他能早日歸來！
但她又畢竟與他成婚未久，羞於直接叮囑他顧念舉案之情，所以
先以公婆爲幌子勸其登第即歸，然而一旦啓開喉門，便不由自主
地將自己的隱憂也和盤托出：「十里紅樓，休重娶娉婷。」至於
借別的感傷，在唱詞中更是被反復渲染。表現別離主題（包括部
分的表現）的明清傳奇則有李開先的《寶劍記》、梁辰魚的《浣
溪記》、王世貞門人的《鳴鳳記》、湯顯祖的《紫簫記》、《紫
釵記》、高濂的《玉簪記》、孟稱舜的《嬌紅記》、吳偉業的《
秣陵春》、洪昇的《長生殿》、孔尚任的《桃花扇》等。它們大
多專闢一齣來再現別離場面，如《嬌紅記》第十五齣的標目即爲
「盟別」。而《玉簪記》既有第二十三齣「追別」，又有第三十
三齣「愧別」。在「愧別」中，男主人公唱道：「芳草涯，斜陽
暮，聽啼鵑血淚枯。他聲聲抵死、抵死的催人去，幾次三番，欲
留難住。磚壦塞，水漲滿，桃源渡。想今宵夢醒，夢醒人何處？

萬種淒涼，向誰分訴？」女主人公唱道：「淚冷冷，千行雨，一般般腸斷無，聽道一聲去也，眼見的眞個拋人去，萬想千思留郎不住。似這等惡分離，苦悶阻，藍橋路。便安排好夢，好夢也無尋處。只落得恨壓眉尖，把滿天愁蹙」。接著，男主人公又唱：「硬劈開連枝樹，生分比目魚。嬌花朵幾番兒都被狂風妒，零落階前，半成塵土。這都是前生怨，即世冤，廝相遇。鴛鴦簿上，簿上把孤辰注。今後淒涼，正當天數」。女主人公又唱：「自古道好事兒，多艱阻，我則問春光還到無。痛煞煞香魂還逐流年去，囑咐東君，舊情休負。似這等輕拋閃，易摘離，難相聚。今番去也，去也急把來期數。做一個缺月重圓，斷弦再續」。這四段唱詞，已將男女主人公不堪別離的痛苦心理刻劃得淋漓盡致，但作者意猶未足，緊繼其後，又爲男女主人公設計了四段唱詞。唱詞兼有北曲的活潑動蕩和南詞的宛轉精麗之長，在一氣貫注而又千迴百轉的抒情旋律中，將一對傾心相愛的情侶的斷腸情懷、傷心意緒以及相互間的叮嚀周至表現得那樣眞切，那樣細膩，那樣洋洋洒洒！而其對白也多言近旨遠，是抒寫離情別緒和刻劃人物性格的有機筆墨。如《浣沙記》中，當范蠡因拘吳而未能實踐他與西施的盟約，深有感愧之意時，西施說：「尊官拘繫，賤妾盡知，但國家事極大，姻親事極小，豈爲一女之微，有負百姓之望」。其後，范蠡忍痛要西施入吳荐吳王枕席、西施表示猶豫時，范蠡說：「若能飄然一往，則國既可存，我身亦可保，後會有期，未可知也。若執而不行，則國將遂滅，我身亦旋亡；那時節雖結姻親，小娘子，我和你必同作溝渠之鬼，又何暇求百年之歡乎？」從中不難觸摸到這兩位偉男兒與奇女子爲了國家和民族的利益甘願忍受別離之苦、犧牲團圓之樂的崇高氣節。

　　在散曲方面，篇幅簡短、一波三折的小令也好，體製繁復、

縱橫馳驟的套數也好，都善傳離情，工達別意。小令如關漢卿的〔四塊玉〕《別情》：「自送別，心難捨，一點相思幾時絕。憑闌拂袖楊花雪，溪又斜，山又遮，人去也」。以平易的語言寫出不平靜的離思，又以淡淡的幾筆素描勾畫出一幅憑欄送別圖，頗能感染讀者。他的〔沉醉東風〕《別情》也是精品：「咫尺的天南地北，霎時間月缺花飛。手執著餞行杯，眼閣著別離淚，剛道得聲保重將息，痛煞煞教人捨不得，好去者望前程萬里」。景物的渲染、意態的描摹及心緒的把握都恰到好處，讀來但覺離愁滿紙、別恨盈牘。套數如劉庭信的〔雙調〕《折掛令‧憶別》：

> 想離別怎捱今宵。捱過今宵，怎過明朝，忔登的人在心頭，沒揣的愁來枕上，契抽的恨接眉梢，瘦怯怯相思病八場家害倒，鬧烘烘斷腸聲一弄兒尋著，響璫璫鐵馬兒爭敲，韻悠悠玉漏難熬。疏剌剌風撼梧桐，淅零零雨灑芭蕉。
>
> 想人生最苦離別，三個字細細分開，淒淒涼涼無了無歇，別字兒半晌痴呆，離字兒一時拆散，苦字兒兩下裡堆疊，他那裡鞍兒馬兒身子兒劣怯，我這時眉兒眼兒臉腦兒乜斜。側著頭叫一聲行者，閣著淚說一聲聽者，得官時先報期程，丟丟抹抹遠遠的迎接。
>
> 想人生最苦離別，唱至陽關，休唱三疊。急煎煎抹淚柔眵，意遲遲揉腮揪耳，呆答孩閉口藏舌，情兒分兒你心裡記者，病兒痛兒你身上添些，家兒活兒既是拋撇，書兒信兒是必休絕。花兒草兒打聽的風聲，車兒馬兒我親自來也。
>
> 想人生最苦離別，雁杳魚沉，信斷音絕，嬌模樣甚實曾丟抹，好時光誰曾受用，窮家活終日縈拽，才過了一百五日上墳的日月，早來到二十四夜祭灶的時節，篤篤寞寞終歲巴結，孤孤另另徹夜咨嗟，歡歡喜喜盼的他回來，淒淒涼

涼老了人也。

想人生最苦離別，恰才燕侶鶯儔，早水遠山疊，孤雁兒無情，喜蛛兒不准，靈鵲兒千訐，存的你身子兒在，問甚麼貧也富也，這些兒信音稀，有也無也，獨言獨語，不斷不絕，自跌自堆，無休無歇，叫一聲負德冤家，送了人當甚麼豪傑。

……

全曲十二段，除首段外，其餘各段都以「想人生最苦離別」或「想人生最苦別離」領起。從送別時的感傷情態，到送別後的相思意緒，無不刻意形容，盡興渲染。時而移情入景，時而托物寄興，時而又直抒胸臆。其中，有清醒語，有昏醉語，亦有痴傻語。雅時既不遠俗，俗時亦復近雅。結構上層層生發，巧相翻轉，顯盡騰挪變化之手段。而情調則以哀婉為主，「其聲嗚嗚然，如泣如訴，如怨如慕」。不言而喻，在別離詩詞中絕沒有筆墨這樣淋漓、酣暢的作品。因而，由此也可略窺「嬗變」之跡。

第三章　別離主題賴以生發的意象

第一節　「長安陌上無窮樹，
　　　　　唯有垂楊管別離」

——別離主題賴以生發的意象之一：柳

　　意象，作爲中國古典詩歌的審美範疇之一，有著其自身的種種屬性，遞相沿襲性是其中較爲昭著的一種。所謂「遞相沿襲性」，是說某些具有定型指義的意象可以被詩人們不斷襲用來表達某種既定的情感。相沿既久，積澱既深，以至於讀者不需要借助其他文字，僅由交織在詩中的意象，也能捕捉到作者的情感趨向。如「大鵬」、「鴻鵠」常被用來象徵雄心壯志；「青松」、「翠竹」，則常被用來寫照高風亮節。那麼，當詩人們表達別離主題時，又慣於襲用哪些意象呢？如果對別離詩詞進行一番全方位的掃瞄，那就不難發現，與別離這一生命現象結緣最深的意象有「柳」、「水」、「酒」、「月」、「淚」、「雲」、「草」等等。可以說，別離主題往往正是憑借這些意象得以生發。

　　在別離詩詞的意象群中，柳出現的頻率最高、蘊蓄的離思最深，因而也最爲引人注目。「柳」者，留也。這一字音上的聯繫，已足以使柳獲得別離文學作家的青睞，更何況它那長條依依的體形活脫就是一種款款惜別的天然姿態。「弱柳從風疑舉袂」（劉禹錫《憶江南》），「長條故惹行客，似牽衣待話，別情無極」（周邦彥《六醜》）。古人早就著眼於此。正是鑒於它在字音上與體形上的這些特徵，唐宋時，柳不僅成爲送別時約定俗成的贈

物，更成爲別離詩詞渲染離情別緒的主要意象。前一種榮寵固然
經久不廢，後一種殊遇更一直延續到現在。古往今來，幾乎所有
詠柳的佳句都與別離聯繫在一起。唐代李白《憶秦娥》詞云：「
年年柳色，灞陵傷別」。那翠綠的柳色，正是撩撥起他「灞陵傷
別」的情懷的觸媒。溫庭筠《菩薩蠻》詞云：「楊柳又如絲，驛
橋春雨時」。雨中送別之際，最爲觸目的景色便是楊柳絲絲。李
冶《送韓揆之江西》詩云：「相看指楊柳，別恨轉依依」。不看
「楊柳」猶罷，一看則別恨又添幾分。戎昱《移家別湖上亭》詩
云：「好是春風湖上亭，柳條藤蔓繫離情」。牽繫著離情別緒的
並非他物，正是柳枝。宋代張先《一叢花令》詞云：「離愁正引
千絲亂，更東西、飛絮濛濛。」不說柳絲勾起離愁，反說離愁引
亂柳絲，是其用筆深曲處。晏幾道《清平樂》詞云：「渡頭楊柳
青青，枝枝葉葉離情。」究竟是每一條柳枝、每一片柳葉都爲作
者的離情所浸潤，還是柳枝、柳葉自含離情無限，已經分不清，
也無法分清。蘇軾《水龍吟》詞云：「細看來，不是楊花，點點
是離人淚」。在作者眼裡，楊花竟然是「離人淚」幻化而成。《
少年遊》詞云：「去年相送，餘杭門外，飛雪似楊花。今年春盡，
楊花似雪，猶不見還家」。楊花連同送別時的情景，那樣深刻地
鐫刻在作者的記憶裡，不時引發他的離愁別恨。秦觀《江城子》
詞云：：「西域楊柳弄春柔，動離憂，淚難收。猶記多情曾爲繫
歸舟。碧野朱橋當日事，人不見，水空流」。那「弄春柔」、「
繫歸舟」的絲絲楊柳，勾起作者當年與意中人相會於「碧野朱橋」
的溫馨回憶。可是，往事已矣！如今，只有碧水空流，再無驚鴻
照影。於是，楊柳絲絲，又牽引出作者剪不斷、理還亂的一腔愁
緒，使他終因「不見去年人」而「淚濕春衫袖」。《八六子》詞
云：「念柳外青驄別後，水邊紅袂分時，愴然暗驚」。每一念及

柳外水邊與意中人揮淚而別的情景，總是黯然銷魂，不勝悲愴。
魏夫人《菩薩蠻》詞云：「三見柳綿飛，離人猶未歸」。三度見
柳而傷離，可知柳始終關合著抒情女主人公的離情。周邦彥《瑞
龍吟》詞云：「探春盡是，傷離意緒。官柳低金縷」。雖說春景
盡堪傷情，但獨於其中拈出「官柳」進行特寫，柳之深繫離懷可
明。惠洪《青玉案》詞云：「綠槐煙柳長亭路，恨取次，分離去」。
與友人分別於為柳煙所籠罩的長亭路上，豈能不倍感離恨悠悠、
離情依依？周紫芝《踏莎行》詞云：「一溪煙柳萬絲垂，無因繫
得蘭舟住」。柳絲縛得住離情，卻繫不住蘭舟，這不免使作者深
為嘆惋。吳文英《唐多令》詞云：「垂柳不縈裙帶住，漫長是，
繫行舟」。繫得行舟，卻又繫不得離人，情景固有不同，作者的
嘆惋卻是同樣的。《風入松》詞云：「樓前綠暗分攜路，一絲柳，
一寸柔情」。「一絲柳」，便牽動一寸柔情；眼下正是「萬條垂
下綠絲縧」的季節，其柔情該有多長？王十朋《詠柳》詩云：「
縈牽別恨絲千尺，斷送春光絮一亭。」縈牽別恨，已使離人徒增
惆悵；斷送春光，更令離人平添煩惱。金代劉迎《烏夜啼》詞云：
「離恨遠縈楊柳，夢魂長繞梨花」。別後「行行重行行」，早已
遠離送別地點，而作者的離恨卻仍然縈繞著送別時與心上人一樣
脈脈多情的楊柳，楊柳的魅力不難想見。明代袁宏道《道旁柳》
詩云：「一株大道傍，閱盡行人淚」。這裡，柳又儼然是人間一
幕幕別離慘劇的見證人了。

　　其實，柳本身並不帶有任何感情色彩，但在別離文學作家的
筆下，它卻總是那樣多情：

　　　　長安陌上無窮樹，唯有垂楊管別離。

　　　　　　　——唐・劉禹錫《楊柳枝詞》

　　　晚來飛絮如霜鬢，恐為多情管別離。

──唐‧唐彥謙《柳》

游絲有意苦相縈，垂柳無端爭贈別。

──宋‧歐陽修《玉樓春》

夕陽村外小灣頭，只有柳花無數送舊舟。

──宋‧秦觀《虞美人》

不過，也有從別一角度構思而怨柳無情者：

無情最是台城柳，依舊煙籠十里堤。

──唐‧韋莊《台城》

自家飛絮猶無定，爭解垂絲絆路人。

──唐‧羅隱《柳》

別離滋味濃於酒，著人瘦。此情不及東牆柳，春色年年依舊。

──宋‧張耒《風流子》

本無別離心，行人自憔悴。

──明‧袁宏道《道旁柳》

多情也罷，無情也罷，說到底，只不過作者移情的角度有所不同而已。它說明，儘管某一意象可以被作家們不斷襲用，但作家們襲用它的方式卻是千差萬別的。以「柳」而言，同一種柳在不同的送別場面中所扮演的角色便頗為歧異。

當然，有些場合，柳既非多情種，也非無情物，而僅僅是一種道具，一種媒介。這時，作家們的聚焦點往往在於「折柳贈別」這一習俗的本身。如：

今古憑君一贈行，幾回折盡復重生。

──唐‧釋慕幽《柳》

贈我柳枝情幾許？春滿縷，為君將入江南去。

──宋‧張先《漁家傲》

別路恐無青柳折，到家應有小桃開。

　　　　　　——宋·姜夔《送李萬頃》

年年長自送行人，折盡邊城路旁柳。

　　　　　　——明·郭登《送岳委方還京》

錢塘江上潮聲歇，江邊楊柳誰攀折。誰攀折，西陵渡口，
古今離別。

　　　　　　——明·方以智《憶秦娥》

春風若爲長條惜，應遣情人少別離。

　　　　　　——清·厲鶚《思佳客》

遙憶灞陵橋上，折長條，雕鞍難綴。

　　　　　　——清·薛凝波《水龍吟》

折盡渭亭枝，年年送別離。

　　　　　　——清·毛奇齡《唐多令》

柳條今剩幾？待折贈，沈吟無計。

　　　　　　——清·陳維崧《征招》

在古人看來，「折柳贈別」，是向對方表達離情別意的最爲含蓄、
也最爲生動的方式。這就難怪他們要樂此不疲了。而同樣是「折
柳贈別」，在作家們筆下又可以生發出多少新奇的想像、別緻的
構思，幻化出多少種動人的情形啊！如果說以上所摘引的還只是
若干片斷的話，那麼，下面請看五篇專詠「折柳贈別」情景的作
品：

水邊楊柳曲塵絲，立馬煩君折一枝。

唯有春風最相惜，殷勤更向手中吹。

　　　　　　——唐·楊巨源《和練秀才楊柳》

萬條江柳早秋枝，裊地翻風色未衰。

欲折爾來將贈別，莫教煙月兩鄉悲。

——唐·李冶《送姚員外》

朝朝送別泣花細,折盡春風楊柳煙。

願得西山無樹木,免教人作淚懸懸。

——唐·魚玄機《折楊柳》

楊柳東風樹,青青夾御河。

近來攀折苦,應爲別離多。

——唐·王之渙《送別》

臨水送將歸,春風折贈時。

而今三丈樹,元是手中枝。

——宋·朱繼芳《柳》

「折柳贈別」的習俗盛於唐而始於漢。據《三輔黃圖》載,漢人送客至灞橋,往往折柳贈別。或謂,傳爲李白所作的《憶秦娥》詞中的「年年柳色,灞陵傷別」即指此而言。但柳經常性地作爲別離主題賴以生發的意象,卻是隋唐以後的事情。上引五首作品,就有四首出自唐人。他們各運靈光,各出機杼,將折柳贈別的情景表現得何等感人肺腑。即以其中兩位女詩人的作品而言:李詩先描寫沐秋風而不衰的柳色,這既是起興,也隱然有借柳自喻之意;然後並不正面刻劃折柳贈別的情景,而僅托出「折柳贈別」的用意,那就是讓溫馨的友情隨同柳枝一起陪伴著對方,消除他「獨在異鄉爲異客」的牢愁。這實際上是通過「折柳贈別」這一舉動,曲折地傳導出自己的惜別深情。魚詩傾吐了作者因送別過多乃致折盡柳枝、痛斷肝腸的怨憤。怨憤之際,作者竟萌生出一個極正常又極離奇的願望:但願此後再無柳枝抽芽,免得離人對之傷心、落淚。說是「免教」,恰好表明柳枝此刻「正教」作者「淚懸懸」。其一腔離愁別恨亦借柳枝巧妙傳出。

很難精確地指出,柳究竟從何時起才被作家們擷來表現別離

主題，但至少在南北朝時期，它已成爲別離主題賴以生發的意象，
儘管作家們對這一意象的襲用還不是普遍的、經常性的。如南齊
蕭子顯的《春別詩四首》其一、其三：

> 翻鶯度燕雙比翼，楊柳千條共一色。
>
> 但看陌上攜手歸，誰能對此空相憶。（其一）
>
> 江東大道日華春，垂楊掛柳掃清塵。
>
> 淇水昨送淚沾巾，紅妝宿昔已應新。（其三）

詩本身並不出色，但柳在詩中卻已被作爲觸景生情的景、睹物傷
懷的物而加以藝術顯影。到隋唐，不僅文人詩已習於借柳詠別，
許多民歌也將柳熔鑄爲傷離怨別的意象：

> 楊柳青青著地垂，楊花漫漫攪天飛。
>
> 柳條折盡花飛盡，借問行人歸不歸。

這是一首隋代民歌。其悠揚的聲調，宛然是唐代成熟的七言絕句，
而意象的構置也層次井然：一、二句分別展示柳枝低垂與柳絮紛
飛的情景，突出柳的形象特徵。第三句總縮柳枝、柳絮，進一步
渲染環境氛圍，末句逼出一篇正意：盼望離人早歸。

　　唐代借柳詠別的作品，有的出自享有盛譽的詩壇宿將手筆，
有的則是名望非隆的一般詩人所作。前者如：

> 天下傷心處，送客勞勞亭。
>
> 春風知別苦，不遣柳條青。
>
> 　　　　　——李白《勞勞亭》
>
> 誰家玉笛暗飛聲，散入春風滿洛城。
>
> 此夜曲中聞折柳，何人不起故園情。
>
> 　　　　　——李白《春夜洛城聞笛》
>
> 流水閶門外，秋風吹柳條。
>
> 從來送客處，今日自魂銷。

　　　　　　　　——劉禹錫《別蘇州二首》其二

　　清江一曲柳千條，二十年前舊板橋。

　　曾與美人橋上別，恨無消息到今朝。

　　　　　　　　——劉禹錫《楊柳枝詞》

　　暫憑尊酒送無憀，莫損愁眉與細腰。

　　人世死前惟有別，春風爭擬惜長條。（其一）

　　含煙惹霧每依依，萬緒千條拂落暉。

　　爲報行人休盡折，半留相送半迎歸。（其二）

　　　　　　　　——李商隱《離亭賦得折楊柳二首》

　　楊子江頭楊柳春，楊花愁殺渡江人。

　　數聲風笛離亭晚，君向瀟湘我向秦。

　　　　　　　——鄭谷《淮上與友人別》

李白前詩顯然寫於柳條未青時。一、二句不說天下傷心事是別離，而說天下傷心處是離亭，已見用筆曲折；三、四句更是運思超脫、發想奇警的神來之筆：作者就亭外柳條未青之景馳騁才思，把它說成是深諳人間別苦的春風故意造成的結果。較之一般地描寫折柳贈別的情景，確是另闢蹊徑、別翻新意。李白後詩不是將「折柳」作爲一種場景推出，而巧妙地把它作爲曲名，放在笛聲中展現，借以表達內心的離情別諸，這也不落俗套。劉禹錫的兩首詩都以柳條起興。閶門之外，風吹柳條，向來是送客之地，但只有今日作者才產生銷魂之感，這是因爲置身局中、柳色關情的緣故。前詩的意蘊如此。後詩曾被明代的楊愼、胡應麟譽爲「神品。」一曲清江，千條碧柳，正是送別的典型環境。作者由此拉開記憶的帷幕，追憶起二十年前送別故人的情景，將依依惜別之情再度傾注在字裡行間。李商隱的兩首詩構思又有所不同。前詩把惜別深情融入精警而獨到的議論中：既然除了死亡再沒有比別離更痛

苦的事情，那麼春風又怎麼會愛惜青翠色的柳條，而不讓人們攀折呢？後詩掉轉筆墨，復對「行人」致詞：柳枝含煙惹霧，多情如許，應當既管送往，亦管迎來，既然如此，又何必將它折盡呢？折下一半，送人離去；留下一半，迎人歸來，豈不順乎情、合乎理？鄭谷詩不僅用柳絲來牽曳別情、柳絮來沾染離緒，而且用「愁殺」二字誇張地顯示出楊柳帶給自己的感傷。後者如：

> 嫋嫋古堤邊，青青一樹煙。
>
> 若爲絲不斷，留取繫郎船。
>
> ——雍裕之《江邊柳》
>
> 從來只有情難盡，何事名爲情盡橋。
>
> 自此改名爲折柳，任他離恨一條條。
>
> ——雍陶《題情盡橋》
>
> 悲莫悲兮生別離，登山臨水送將歸。
>
> 武昌無限新栽柳，不見楊花撲面飛。
>
> ——武昌妓《續韋蟾句》

各有變化生新之處，但其中最爲別緻的還是雍陶《題情盡橋》一詩。詩即興而作，一氣貫注。首句直抒己見：萬事皆有盡，唯獨情難盡。次句順勢直下，斥責以「情盡」名橋之荒悖。既屬荒悖，理當另改新名。那麼，名何最爲恰當？作者認爲唯「折柳」二字適足當之。這便引出三句：「自此改名爲折柳」。末句又從「折柳」二字蕩開，推出驚人之論：「任他離恨一條條」。離恨原本無形，作者以有形之柳條比況無形之離恨，便使全篇虛實相生、韻味無窮。

　　宋代的別離詩詞也多以柳爲意象。詩如斯植《門柳》：「看盡門前柳，愁多白髮新。灞橋風雨夜，離別是何人」。柴援《寄遠》：「別時指我堂前柳，柳色青時望子歸。今日柳綿吹欲盡，

尚憑書去說相思」。范成大《橫塘》：「南浦春來綠一川，石橋朱塔兩依然。年年送客橫塘路，細雨垂楊繫畫船」。詞如周邦彥《蘭陵王》：「柳陰直，煙裡絲絲弄碧。隋堤上、曾見幾番，拂水飄綿送行色。登臨望故國，誰識京華倦客。長亭路、年去歲來，應折柔條過千尺。

　　閑尋舊蹤跡，又酒趁哀弦，燈照離席，梨花榆火催寒食。愁一箭風快，半篙波暖，回頭迢遞便數驛。望人在天北。

　　淒惻，恨堆積。漸別浦縈回，津堠岑寂，斜陽冉冉春無極。念月榭攜手，露橋聞笛，沉思前事，似夢裡，淚暗滴。」詞以「柳」為題，主旨卻是抒寫離愁別恨。詞中對柳的描寫亦服務於這一主旨。開篇藉柳發端，興起京華孤旅之嘆。「柳陰直」，點出柳之茂密成行；「煙裡絲絲弄碧」，見出柳之姿態婀娜。著一「弄」字，似乎是說柳色弄人：自己漫不經心，卻使多少人、多少回觸目傷情、難以為懷。接以「隋堤上」三句，正為申足此意。作者自己也曾多少回送別於隋堤，而送別必定「折柳」，所以約略算來，所折柳枝的總長度應當遠遠超過千尺之數。一句「應折柔條過千尺」，包含著多少別離的感傷，多少人生的喟嘆啊！

　　元明清時期，在詩詞家筆下，柳仍然是別離主題賴以生發的意象之一。明人王韋《柳枝詞》有云：「渭水西來萬里遙，行人歸去水迢迢。垂楊不繫離情住，只送飛花過渭橋」。清人周志蕙《柳》有云：「古渡欲牽遊子棹，離亭留贈旅人鞭。一聲長笛河橋晚，回首蒼茫幾樹煙。」如果說這兩首絕句雖未襲前人之辭、然猶師前人之意的話，那麼，元人喬吉的「商調」《集賢賓·詠柳憶別》則辭意俱新，為同一時期「千不得一」的作品：

　　〔集賢賓〕恨青青畫橋東畔柳，曾祖送少年遊，散晴雪楊花清晝，又一場心事悠悠。翠絲長不繫離鞍，碧雲寒空掩

朱樓。揎羅袖試將纖玉手。縮東風搖損輕柔。同心方勝結，纓絡繡文毬。

〔逍遙樂〕縮不成鴛鴦雙叩，空驚散梢頭，一雙錦鳩。何處忘憂，聽枝上數聲黃栗留。怕不弄春嬌巧轉歌喉，驚回好夢，題起離情，喚醒閑愁。

〔醋葫蘆〕雨晴珠淚收，煙顰翠黛羞，殢風流還自怨風流。病多不奈秋，未秋來早先消瘦，曉風殘月在簾鈎。〔浪裡來煞〕不要你護雕闌花凭香，蔭蒼苔石徑幽，只要你盼行人終日替我凝眸。只要你重溫灞陵別後酒。如今時候，只要向綠陰深處纜歸舟。

鋪敍之詳贍、筆法之細密，尤甚於周邦彥《蘭陵王》。全曲以柳起，以柳結。柳既是綿綿不絕的離情別緒的觸媒，也是串連那一幅幅色彩斑駁的畫面的線索，同時，作爲別離主題賴以生發的意象，柳本身也釋放出一定的美感效應。當然，這中間經過了作者的藝術冶煉和藝術調配。

第二節　「請君試問東流水，
　　　　別意與之誰短長」
——別離主題賴以生發的意象之二：水

水，是別離主題賴以生發的又一意象。水的纖柔，象徵著離情的纏綿；水的悠長，象徵著離思的綿邈。因此，古代作家習於用水來寫照離情離思，恰如他們習於借柳詠別一樣。南朝鮑照《吳興黃浦亭庾中郎別詩》有句：「連山眇煙霧，長波迴難依」。這是以長波難依隱喻行人難留。何遜《南還道中送贈劉諮議別》有句：「握手分歧路，臨川何怨嗟」。臨川怨嗟，是因爲川中的

流水蕩起他心中的漣漪。唐代雍裕之《自君之出矣》有句:「思
君如隴水,長聞嗚咽聲」。在作者想來,隴水既與離思相若,其
聲亦當嗚咽無已。許渾《送盧先輩自衡岳赴復州嘉禮》有句:「
離心不異西江水,直送征帆萬里行。」作者身不能隨行人同去,
便願拳拳此心化作悠悠江水,與其征帆長相依偎。《郊園秋日寄
洛中友人》有句:「楚水西來天際流,感時傷別思悠悠」。思悠
悠,恨悠悠,全因眼前楚水浩渺,離思難收。李涉《再宿武關》
有句:「關門不鎖寒溪水,一夜潺湲送客愁」。儘管已關上屋門,
但那潺湲的溪水聲卻仍然徹夜震響在他耳際,彷彿訴說著他的羈
旅行役之愁。劉媛《送別》有句:「知君此去無還日,妾亦隨波
不復回」。作者深知一別即成永訣,所以自誓願「隨波」俱去,
釋郎別恨,慰己離愁。宋代歐陽修《踏莎行》有句:「離愁漸遠
漸無窮,迢迢不斷如春水」。離愁之綿綿不絕,恰如春水之迢迢
不斷。作者便由這一相似點將筆墨鋪灑開去。《千秋歲》有句:
「離思迢迢遠,一似長江水,去不斷,來無際」。取譬之徑相同,
而另鑄新詞,使抽象的離思具像化。《玉樓春》有句:「強將離
恨倚江樓,江水不能流恨去。」倚樓望遠,不見歸棹,作者但覺
江水徒去,而離恨猶在──卻原來江水只能寫恨,而不能流恨。
蘇軾《虞美人》有句:「無情汴水自東流。只載一船離恨,向西
洲」。明明是行人不肯駐舟,卻怨無情江水載將離恨而去,雖屬
「無理之語」,卻益見惜別之深。石介《泥溪驛中作》有句:「
臨流不忍輕相別,吟聽潺湲坐到明」。通宵達旦地吟聽水聲,其
中固有道學家所沉迷的理趣,但同時不也寄寓了作者與溪水的依
依惜別之情?這乾脆是以流水作為惜別對象了。范成大《南柯子》
有句:「欲憑江水寄離愁,江已東流,那肯更西流」。江水一去
不再復返,因而作者連藉以「寄愁」的願望亦已成空。楊炎正《

蝶戀花》有句：「離恨做成春夜雨，添得春江，劃地東流去」。離恨始而蒸騰爲春雨，繼而融匯入春江，終而汨汨東逝。同樣用水來寫照離情，而立意造語卻又不同。看！水，作爲別離主題賴以生發的意象，在作家們筆下，眞是「等閑平地起波瀾」，翻盡了花樣，變盡了戲法！

　　以水比喻離思，起於建安詩人徐幹。徐幹《室思》結句有云：「思君如流水，何有窮已時」。但頻繁而嫻熟地將水作爲別離主題賴以生發的意象的，還是唐人。唐代許多別離詩，或以水發端，或以水結篇，使滿懷離思與水一起流瀉在筆端。這裡，僅從七絕中拈取數例：

　　　客鳥倦飛思舊林，徘徊猶戀眾花陰。
　　　他時相憶雙航葦，莫問吳江深不深。
　　　　　　　　　　——獨孤及《將還越留別豫章諸公》
　　　丹陽郭里送行舟，一別心知兩地秋。
　　　日晚江南望江北，寒鴉飛盡水悠悠。
　　　　　　　　　　——嚴維《丹陽送韋參軍》
　　　柳絮飛時別洛陽，梅花發後到三湘。
　　　世情已逐浮雲散，離恨空隨江水長。
　　　　　　　　　　——賈至《巴陵夜別王八員外》
　　　綠暗紅稀出鳳城，暮雲樓閣古今情。
　　　行人莫聽宮前水，流盡年光是此聲。
　　　　　　　　　　——韓琮《暮春滻水送別》
　　　溪水無情似有情，入山三日得同行。
　　　嶺頭便是分手處，惜別潺湲一夜聲。
　　　　　　　　　　——溫庭筠《過分水嶺》
　　　惆悵人間萬事違，兩人同去一人歸。

> 生憎平望亭前水，忍照鴛鴦相背飛。
> ──徐月英《送人》

獨孤詩以一句「莫問吳江深不深」的勸誘之辭，使更深於吳江的惜別之情豁然軒露。嚴詩首句點出「行舟」二字，表明友人將從水路歸去，爲後文即水抒情預作鋪墊。次句明寫時令，暗寫愁緒──「心」上有「秋」，正好合成一個「愁」字。這種拆字的戲法，宋代吳文英也玩過，其《唐多令》詞劈頭兩句便是「何處合成愁，離人心上秋」。從結構上看，這是宕開一筆。第三句又折回水邊，以「江南」、「江北」相比照，突出了江水的阻隔。其間綴一「望」字，既傳出作者的凝眸之態與惜別之情，又自然而然地帶出末句「寒鴉飛盡水悠悠」。隨著寒鴉點點的飛逝，只剩下悠悠江水占據著全部畫面。這悠悠江水正象徵著作者的綿綿離思。賈詩前兩句以物候的變化反映出時間的變換，既點明時地，又烘托出一種人生飄忽、離合無常之感。後兩句借助「浮雲」、「江水」來抒發惜別之情：唯因世情如浮雲般變幻無定，才倍覺離愁別恨有類江水之悠長。「江水」前修飾以「空隨」二字，在無可奈何的喟嘆中，使惜別之情進一步得以強化。韓詩將別離之情「打並入」滄桑之情、興亡之情，一並概括爲「古今情」，藉「宮前水」曲折傳出。這「不捨晝夜、逝者如斯」的宮前水，以其潺湲的聲響，引起多少遠行人的鄉思客愁？因此，作者特意提醒說：「行人莫聽宮前水」。這是從反面生情。溫詩始終圍繞「溪水」著筆。溪水原本無情，作者卻偏偏視其爲有情物。「有情」二字，正是一篇主眼。何以見其有情？證據有二：一是入山的三日中，溪水始終與作者同行。「得同行」，一個「得」字，飽含作者在寂寞旅途中邂逅良侶的欣喜之情。二是臨當分別時，用「潺湲一夜聲」來表達對作者的惜別之情。藉此二端，的確足以見

其深情繾綣。但這種繾綣深情，說到底，只是作者自身的惜別之情的外射和物化。徐詩則責怪流水無情，用筆恰與溫詩相反：情侶分袂而別，猶如鴛鴦相背而飛；這種淒慘情景，亭前水居然忍心照映，豈不令人憎恨？這亦屬「於他人不到處另生眼目」。

　　唐以後，用水來寫照離思、象徵離情者，代不乏人。以清人而言，施閏章《送李萬安罷官歸里》既云：歲暮歸舟一葉輕，歌殘酒罷淚雙傾。灘聲不是無情思，嗚咽隨君爲送行」。王士禎《眞州絕句》亦云：「曉上江樓最上層，去帆婀娜意難勝。白沙亭下潮千尺，直送離心到秣陵」。都力圖變化生新，但萬變不離其宗，水總是他們所要抒寫的離愁別恨的投射物或運載物，總是深深地沾染上作者的主觀之情的客觀之象。

　　在中國文學史上，最習於、同時也最善於將水作爲別離主題賴以生發的意象的作家無疑是李白。李白一生交遊極廣，全集中提到姓名的就有四百多人。交遊既廣，贈別，送別之類的作品也就十分可觀。這類作品大多以水喻情，或借水抒情。其中，最爲傳誦的是《黃鶴樓送孟浩然之廣陵》與《贈汪倫》。前詩云：

　　故人西辭黃鶴樓，煙花三月下揚州。

　　孤帆遠影碧空盡，惟見長江天際流。

　　目送帆影遠去，將無限遲佇惆悵之情傾注在浩浩東去的一江春水中，流向目力難及的水天交接之處。畫面既開闊、明麗，聲韻也和諧、流暢。作者另詩《送別》有句：「雲帆遠望不相見，日暮長江空自流」。與此詩三、四句同意。後詩云：

　　李白乘舟將欲行，忽聞岸上踏歌聲。

　　桃花潭水深千尺，不及汪倫送我情。

用「桃花潭水」進行烘染，景色秀麗如畫。「深千尺」，既誇張地揭示出桃花潭水的特點，又爲結句的抒情預伏一筆。既然桃花

潭水既美且深，不免觸動作者的離懷，使他將水深與情深聯繫起來，從而迸出「不及汪倫送我情」一句。水深已達千尺，猶不及汪倫的送別之情，則其情該是何等之深？「不及」二字，筆致空靈，深爲沈德潛所讚賞：「若說汪倫之情比於潭水千尺，便是凡語，妙境只在一轉換間」（《唐詩別裁集》）。唐汝詢更對全篇推崇備至：「倫，一村人耳，何親於白？既釀酒以候之，復臨行以祖之，情固超俗矣。太白於景切情眞處信手拈出，故能調絕千古。」（見王琦《李太白全集》注引《唐詩說》）所謂「景切情眞」，用今天的話來說，就是潭水這一眞切的客觀之景與惜別這一眞摯的主觀之情已融爲一體，惝恍難分。另如《金陵酒肆送別》：

> 風吹柳花滿店香，吳姬壓酒喚客嘗。
>
> 金陵子弟來相送，欲行不行各盡觴。
>
> 請君試問東流水，別意與之誰短長？

以流水之長比喻離思別意之長，古已有之。李白翻過一層，徑直質問流水：較之別意，孰短孰長？這與《贈汪倫》一樣是從虛處著筆，而比《贈汪倫》更爲含蓄。其用意當然在於暗示別意之長，甚於流長之長。除此而外，李白以水喻情或顯情的佳句還有許多，如《涇川送族弟錞》云：「寄情與流水，但有長相思」；《渡荊門送別》云：「仍憐故鄉水，萬里送行舟」；《江夏行》云：「眼看帆去遠，心逐江水流」；《口號》云：「東流若未盡，應見別離情」；《沙丘城下寄杜甫》云：「思君若汶水，浩蕩寄南征」；《送殷淑》云：「流水無情去，征帆逐吹開」；《送郗昂謫巴中》云：「予若洞庭葉，隨波送逐臣」；《寄王漢陽》云：「別後空愁我，相思一水遙」；《送王屋山人魏萬還王屋》云：「黃河若不斷，白首長相思」；《送族弟凝至晏堌單父三十里》云：「西行有東音，寄與長河流」。這僅是從其五言詩中拈取的部分例子，

卻已足以令人嘆爲觀止。有的學者認爲，從這些作品中可以歸納出一個公式，那就是「友情之長等於流水之長」；而濫用這一公式則說明李白「對朋友不求甚解，所以用情浮泛」。（見羅忼烈《兩小山齋論文集・話李白》，中華書局1982年7月第一版。）這當然不失爲仁者見仁、智者見智的一家之言。但在我看來，李白之所以一而再、再而三地將水與離思、別意扭合在一起，是因爲水本來就是別離主題賴以生發的主要意象之一；藉水吟別，恰如借柳詠別一樣，是別離文學作家的慣用伎倆，並不能證明李白用情的浮泛和詩才的枯槁；相反，從中倒顯示出李白善於即景騁情、變化生新的卓越才能：試想，同樣以水爲意象，組合結構方式卻無一雷同，若非著筆成春、運斤成風的巨匠，豈能爲之？

第三節　「勸君更盡一杯酒，
　　　　西出陽關無故人」
——別離主題賴以生發的意象之三：酒

　　和折柳贈別相比，飲酒送別是一種起源更早、且具有更大的普遍性和覆蓋面的習俗。古籍中經常提到的所謂「祖送」、「祖席」、「祖帳」、「祖筵」、「祖餞」等，都只不過是對這一習俗的雅化的異稱。正因爲這樣，酒也就與別離文學結下不解之緣，成爲別離主題賴以生發的又一意象。元人楊載在《詩法家數》中指出：「凡送人多托酒以將意，寫一時之景以興懷，寓相勉之詞以致意」，說明前人早已有鑒於此，不過語焉未詳而已。

　　在別離文學作家筆下，不論別離於何時何地，將行的一方與送行的一方大多要「聊共引離尊」。（秦觀《滿庭芳》）儘管常常「都門帳飲無緒」，（柳永《雨霖鈴》）「醉不成歡慘將別」，

（白居易《琵琶行》）卻仍然「欲行不行各盡觴」（李白《金陵酒肆送別》），試圖「暫憑杯酒長精神」（劉禹錫《酬樂天揚州初逢席上見贈》）。翻檢古代的別離詩詞，有關飲酒相送情景的描寫眞可以說比比皆是、洋洋大觀：

> 生平少年日，分手易前期。
>
> 及爾同衰暮，非復別離時。
>
> 勿言一樽酒，明日難重持。
>
> 夢中不識路，何以慰相思。
>
> ──梁・沈約《別范安成》

> 醉別復幾日，登臨遍池台。
>
> 何時石門路，重有金樽開？
>
> 秋波落泗水，海色明徂徠。
>
> 飛蓬各自遠，且盡手中杯。
>
> ──唐・李白《魯郡東石門送杜二甫》

> 一杯聊爲送征鞍，落葉滿長安。誰料一儒官，直推上，淮陰將壇。　　西風旌旆，斜陽草樹，雁影入高寒。且放酒腸寬，道蜀道，而今更難。
>
> ──元・楊果《太常引・送商參政西行》

如果說在沈約詩中，酒雖然已與離思相關合，卻畢竟沒有能牽引作者較多的筆墨，而僅有片言隻語的描摹的話，那麼，在李白詩、楊果詞中，酒作爲別離主題賴以生發的意象則占據了更多的篇幅，且被安排在更重要的位置推出。李詩爲送別杜甫而作。李、杜於天寶三年（744）相識並訂交。儘管其年齡既不接齒，聲望亦不比肩，卻一見如故，結爲莫逆。這是中國文學史上的一段佳話。翌年，李、杜攜手同游齊魯，游罷，分袂於魯郡東石門。於是，李白離思縈懷，情難自抑，便借酒起興，發爲驪歌。「醉別復幾

日」，這正是惜別的感嘆！既然過不了幾天就要分道揚鑣，那就痛飲一醉、藉酒力沖淡內心的離愁吧！「何時石門路，重有金樽開」，這則是對他日再度歡飲的熱切盼望。同時，「重」字又與開篇「醉別」相呼應，點明此刻正乃「開樽」之時，其意略同於杜甫《春日憶李白》中的「何時一樽酒，重與細論文」。篇末仍粘著於「酒」字：「飛蓬各自遠，且盡手中杯」。是啊，此去猶如轉蓬一般，各自飄零遠逝，何日重逢豈能逆料？既然語言難以表達離情別緒，那就滿飲此杯、托酒寄意吧！全篇以「酒」字串連起情感的線索，使一腔離愁別恨盡皆照映在酒光中。楊詞亦以酒起，以酒結，將離情盛於杯中。「一杯聊爲送征鞍」，「征鞍」指代行客，即詞題中的「商參政」。作者素不善飲，此時滿斟一杯，當非酷愛杯中物，而爲送別故，正所謂「爲君拚卻醉顏紅」（晏幾道《鷓鴣天》）、「爲君沉醉又何妨」（秦觀《虞美人》）。「且放酒腸寬」，語出吳任臣《十國春秋》：「閩主曦謂周繼岳曰：岳身甚小，何飲之多？左右曰：酒有別腸，不必長大」。前文寫自己強飲，此處又勸行客痛飲，呼應之間，離情畢見。

　　許多表現別離主題的五七言小詩也「托酒以將意」。如：

　　　脫衣將換酒，對酌話何之。

　　　雨後秋蕭索，天涯晚別離。

　　　　　　　——唐·杜荀鶴《送姚庭珪》

　　　塞上砧聲響似雷，憐君騎馬向南回。

　　　今宵且向穹廬醉，後夜相思無此杯。

　　　　　　　——宋·葉靜慧《送汪水雲歸吳》

杜詩所著力描繪的是一個荒僻、蕭瑟、黯淡的送別環境：地點是天涯，其荒僻可知；季節是深秋，其蕭瑟可見；時間是傍晚，其黯淡可想。環境若此，作者豈能不「動離憂，淚難收？」而「何

以解憂，唯有杜康」。於是，作者不惜脫衣換酒，與友人默默對
酌。「對酌話何之」，既然任何語言都已失去了份量，那就乾脆
什麼也別說，用「對酌」來傳導各自心脈的搏動和各自情感的波
瀾吧！葉詩寫於餞送汪水雲之際。汪水雲，即汪元量，南宋宮廷
琴師。宋恭帝德祐二年（1276）隨三宮被擄北去，留滯燕京甚久，後
南歸為道士。臨行時與宮人釃酒揮淚，鼓琴而別。送行者以「勸
君更盡一杯酒，西出陽關無故人」分韻賦詩為贈。題共十四首，
人各一韻。葉詩所押為「杯」字韻。故人得歸，而己仍滯北，使
作者於離愁別恨外，又平添羈旅之情。「憐君騎馬向南回」，「
憐君」猶羨君。羨君之餘，不免自感自傷；感極傷極，便思借酒
排遣。「今宵且向穹廬醉，後夜相思無此杯」。這既是向汪水雲
勸飲，也是遁於醉鄉的自期。惜別之情、羈旅之恨，盡在其中。

　　至於借酒詠別的雋永詩句更是燦若繁星。南朝吳均《酬別》
云：「故人杯酒別，天清明月亮」。清天明月下，與故人杯酒餞
別，背景是那樣空廓，情懷卻又是那樣悵惘！唐朝李白《江夏別
宋之悌》云：「人分千里外，興在一杯中」。即將作千里之別，
此刻作者但覺只有酒能助興。《送殷溆》有云：「相看不忍別，
更進手中杯」。因不忍就此分別而再度乾杯，意在掩飾各自的傷
感之態。貫休《古離別》云：「離恨如旨酒，古今飲皆醉」。索
性將離恨比作旨酒，說二者都能醉倒古往今來的任何人。賈至《
送李侍御赴常州》云：「今日送君須盡醉，明朝相憶路漫漫」。
之所以一醉方休，為的是痲痺自己的神經，使它不致因即將到來
的別離而驚悸不已。溫庭筠《送人東歸》云：「何當重相見，尊
酒慰離顏」。由今日分別時的「共引離尊」推想到他日重逢時的
把盞同飲，既是慰人，也是自慰。南唐馮延巳《蝶戀花》云：「
醉裡不辭金爵滿，陽關一曲腸千斷」。既已沉醉，則每勸必飲，

概不推辭。或許，在作者想來，醉上加醉，才能暫時忘卻離愁。宋朝歐陽修《寄贈丁判官》云：「西陵江口折寒梅，爭勸行人把一杯」。爭相勸飲，是想讓友誼的甘霖和著濃鬱的酒香一起沁入行人的心脾，化爲日後相思的淚水。王安石《送孫子高》云：「一樽相別酒，千里獨歸人」。對於獨行千里的歸客來說，行前滿飲一杯友人斟上的美酒，或可稍御旅途風寒，聊解客況寂寞。俞桂《送人之松江》云：「西風蕭瑟入船窗，送客離愁酒滿缸。」這裡，既是說酒滿缸，也是說愁滿缸，酒與愁已合二爲一。實在的，酒能解愁，亦能添愁。葛長庚《水調歌頭》云：「回首故人千里，把酒話愁腸。」故人已去，縱然舉杯澆愁，亦屬徒然，豈不聞「抽刀斷水水更流，舉杯澆愁愁更愁？」張泳《新市驛別郭同年》云：「驛亭門外敘分攜，酒盡揚鞭淚濕衣。」「酒盡」，說明已盡興而飲，但興盡之時即是愁生之際，剛一揚鞭，便淚水滂沱。晁端禮《虞美人》云：「一樽別酒最匆匆，還似隴頭流水，各西東。」連別酒也不能從容而飲，其匆匆分手、不勝悵惘之狀躍然紙上。辛棄疾《滿江紅》云：「問人間，誰管別離愁？杯中物。」在作者眼中，酒儼然成爲主司人間離愁的神祇，它與離愁的關係是多麼直接而密切！范成大《次韻陸務觀慈姥岩酌別二絕》其一云：「送我彌旬未忍回，可憐蕭索把離杯」。直言「蕭索」，其把杯餞飲時心緒之惡劣可以想見。舒亶《菩薩蠻》云：「畫樓捶鼓催君去，高樓把酒留君住」。一邊是捶鼓催去，一邊是把酒勸留，卻原來酒不僅能送人，也能留人。元朝無名氏《正宮·端正好》云：「三杯別酒肝腸斷，一曲陽關離恨添」。三杯入肚，便使得肝腸寸斷，因爲這是「別酒」的緣故，正所謂「酒不傷人人自傷」——這些例子，難道還不足以說明酒也是別離主題賴以生發的意象之一？

在借酒詠別的詩句中，傳誦最廣、影響最大的當推王維《送元二使安西》中的名句：

勸君更盡一杯酒，西出陽關無故人。

這兩句看似脫口而出的勸酒之辭，卻是作者強烈、深摯的惜別之情的集中映現。陽關，位於河西走廊的西頭，自漢代以來一直是內地出向西域的通道。在唐代，從軍或出使陽關之外，固然是令人向往的壯舉，但陽關以西畢竟又是窮荒絕域，不免被人視為畏地。因此，友人「西出陽關」，壯則壯矣，備嘗艱辛、深味寂寞、飽經勞頓卻是意料中事。此時，作者「勸君更盡一杯酒」，用意是極為深長的，其中既有依依不捨的惜別之情，也有對友人處境與心態的深刻體察，同時還寓有前途珍重的懇切祝願。在作者想來，有人多飲一杯美酒，就多帶走自己的一份情誼——這酒，可是浸透著自己的相思、關切與祝願的感情的瓊漿啊！不僅如此，多飲一杯美酒，還可以使相聚的時間多延長一刻。此外，「勸君更盡一杯酒」，又是有意無意地打破臨別前的沉默的方式，可以使雙方都不致感到那種無言相對的尷尬。細加玩賞，這普普通通的一句勸酒之辭，意蘊是多麼豐富、多麼深厚！似乎可以說，酒之所以被後代作家一再襲用為別離詩詞的意象之一，王維此句功莫大焉！

第四節　「多情只有春庭月，
　　　　猶為離人照落花」
——別離主題賴以生發的意象之四：月

「月有陰晴圓缺，人有悲歡離合。此事古難全。但願人長久，千里共嬋娟」。這段幾乎家喻戶曉的名言出自蘇軾的《水調歌頭》。

它以月之圓缺比喻人之離合，兼具詩情與哲理，曾激起古往今來多少離人的強烈共鳴！

其實，在中國文學史上，借月詠別的又豈止是蘇軾而已？早在蘇軾這首詞問世以前，月即已成爲別離主題賴以生發的意象之一。所以能如此，自然是因爲月之圓缺恰與人之離合相彷彿。最早的借月詠別的例子是南朝謝莊《月賦》中的「美人邁兮音塵闕，隔千里兮共明月」。這雖然稱不上是空前絕後、匪夷所思的想像，但確乎是想落天外、陵轢古今的筆墨。它開了借月詠別的先河。唐宋時期，以月爲意象的別離詩詞（包括蘇軾的《水調歌頭》）儘管比它精工得多，卻都是踵武其後。

較之「柳」、「水」、「酒」、「淚」、「草」等其他別離主題賴以生發的意象，月在別離文學作家那裡，既非最得歡心者，也非最失寵愛者。如果說在南北朝時期，除了謝莊、何遜外，還很少有人對它投以青睞的話，那麼，到唐宋時期，它則備承別離文學作家看顧而頓然改變了向遭冷落的境遇。不知有多少詩詞將它攬入篇中，爲抒寫離愁別恨服務。唐代白居易《琵琶行》云：「醉不成歡慘將別，別時茫茫江浸月」。與友人握別時，用一雙朦朦朧朧的醉眼看那月浸秋江，該產生幾多聯想幾多感傷？《自河南經亂，關內阻飢，兄弟離散，各在一處……》云：「共看明月應垂淚，一夜鄉心五處同」。同看一輪明月，同懷一顆鄉心，卻天各一方。月光下的白氏兄弟又該產生怎樣的遐思、怎樣的根觸？《江樓月》云：「嘉陵江曲曲江池，明月雖同人別離」。明月亘古如斯，不會因人間的別離而改變固有的形態；而世事卻變幻無定，方才還兩情依依，轉瞬便人在天涯。作者所傾吐的正是這樣一種感慨。韋應物《寄李儋元錫》云：「聞道欲來相問訊，西樓望月幾回圓」。不說別後對重逢日期的企盼之切，而以「望

月」曲達此意。已經過幾回月圓，幾回月缺，卻仍不見友人蹤影。
在作者內心，希望與失望不斷循環往復。李益《寫情》云：「從
此無心愛良夜，任他明月下西樓」。情侶一去，百事無心，任他
明月每夜自生自滅。這看似訣絕，其實正暴露了抒情主人公內心
的荏弱：他是怕對月懷想，撩起離思縷縷。孟郊《古怨別》云：
「別後唯所思，天涯共明月」。化用謝莊賦意，而比謝賦更爲傳
神、更爲含情。別後通過月光來寄托各自的離思，這既是對對方
的期勉，也未嘗不是忠於愛情的自誓。方干與《與徐漁話別》云：
「明年今夜有明月，不是今夜看月人」。月下話別，作者猛然想
到，明年今夜明月仍將高懸中天，但和他一起「舉頭望明月」的
已不是此時殷殷話別的友人。這預想中的物是人非的情景，怎能
不使作者分外惜別？元稹《重贈樂天》云：「明朝又向江頭別，
月落潮平是去時」。之所以月落方去，大概是不忍辜負了那皎潔
的月光，同時也不忍讓月光照見自己臨別回眸的淒慘聲容吧？溫
庭筠《贈少年》云：「酒酣夜別淮陰市，月照高樓一曲歌」。用
「月照高樓」，點染高歌而別的情境，既不同於「月上柳梢」的
纏綿，也有別於「曉風殘月」的悲涼，而恰與橫溢於詩中的少年
意氣相吻合，堪稱別調。張泌《寄人》云：「多情只有春庭月，
猶爲離人照落花」。人去屋空，魚沉雁杳，但明月卻無改其多情，
依然照映著庭院裡的紛紛落花，喚起作者對花好月圓時節的溫馨
回憶。秦觀《水龍吟》中「念多情但有，當時皓月，向人依舊」
三句即由此脫化而來。五代牛希濟《生查子》云：「殘月臉邊明，
別淚臨清曉」。清曉時分，夜已闌，歌已歇，月已殘；但殘月猶
能映照出離人的淚容；這時，月容與淚容竟都是那樣慘淡！晏殊
《蝶戀花》云：「明月不諳離別苦，斜光到曉穿朱戶」。明月的
銀輝攪得離人徹夜無法入夢；天亮以後，殘月的餘輝仍斜射房中，

不肯罷休，這是因爲它不知道別離的痛苦。反用張泌詩意，而各有千秋。晏幾道《臨江仙》云：「當時明月在，曾照彩雲歸」。以長在之明月綰合今昔：當年，明月曾經映照彩雲般的「小蘋」歸去；人既歸去，彩雲般的戀情也消散無蹤；如今，只見當時月，不見當時人。不言惜別，而惜別之情自見。《虞美人》云：「初將明月比佳期，長向月圓時候，望人歸」。月未圓時期望月圓人亦圓；待到月圓之夜，其人未歸，抒情女主人公之哀恨可想而知。「長向」，點出以月圓爲期而又失其所望者，已非一遭；雖然失望而依然痴望，則其情至深，其意至誠。張先《木蘭花》云：「人意共憐花月滿，花好月圓人又散」。借月盈必虧的道理，說明團圓固然是世人之所盼，但團圓之後，接踵而來的往往便是又一次別離。蘇軾《水調歌頭》云：「不應有恨，何事長向別時圓。」是啊，既然明月與世人之間向無怨恨，爲什麼總是在世人別離時圓滿呢？語本石曼卿「月如無恨月長圓」，而筆勢淋漓頓挫。後來，清人陳維崧又點化爲「生憎一片江南月，不是離筵不肯明」。黃庭堅《元明留別》云：「莫推月色共千里，不寄江南書一行」。由蘇軾「千里共嬋娟」句推進一層，囑咐友人別後莫因同戴一輪明月，便僅僅寄情於月光，而不互致音訊。朱淑眞《菩薩蠻》云：「多謝相憐，今宵不肯圓」。誰說明月不解離愁別恨，在情侶分袂的今宵，它便滿懷憐憫，故意不作團圓之態，以免離人觸目傷情。這使作者好生感激。周紫芝《江城子》云：「怎得人如天上月，雖暫缺，有時圓」。世人別多會少，甚至一別永訣，而明月則圓缺相間，圓時與缺時大致相等。相形之下，實在是人不如月。難怪作者對明月如此欣羨。張孝祥《念奴嬌》云：「不如江月，照伊清夜同去」。同樣感嘆人不如月，但觸發點卻是不能像江月那樣伴隨伊人同行。命意與措語皆與張先《江南柳》中的「願身

能似月亭亭，千里伴君行」相似。陸游《舟中對月》云：「依依
向我不忍別，誰似峨嵋半輪月」。雖然爲峨嵋山所遮，明月只能
露出半輪，但它卻始終與作者依依相伴，遙遙相對，不勝繾綣。
月之多情，莫過於此！

　　在別離詩詞中，月雖然常常只是作爲一種背景而出現，但它
不僅烘托著別情，而且本身便蘊含著離思，頗可供別離主題賴以
生發。請看五、七言絕句各二首：

　　　　離人無語月無聲，明月有光人有情。
　　　　別後相思人似月，雲間水上是層城。
　　　　　　　　　　——唐・李冶《明月夜留別》
　　　　落葉楓林兩岸秋，曾於南浦動離愁。
　　　　只今一片江頭月，不照歸舟照去舟。
　　　　　　　　　　——清・沈樹榮《送別》
　　　　淮口西風急，君行定幾時？
　　　　故應今夜月，未便照相思。
　　　　　　　　　　——宋・王安石《送王補之行，風忽作，因題四
　　　　　　　　　　句於舟中》
　　　　相看不忍發，慘淡暮潮平。
　　　　語罷更攜手，月明洲渚生。
　　　　　　　　　　——宋・王安石《離昇州作》

行人當發，月色彌望，李詩中的抒情主人公對月感懷，忽然發現
此時此刻月與人竟那樣相似：月無聲，人無語；月有光，人有情。
於是她便想到別後人也將像月一樣雲水相隔，若即若離。通篇以
月烘染，情與景會，景淡情濃。沈詩慨嘆「只今一片江頭月，不
照歸舟照去舟」，是說月光介乎無情與有情之間：若純屬無情，
豈會長照離人？若純屬有情，又豈會只照歸舟？唯其如此，作者

對它抱憾而非銜恨。而對月抱憾，正是離情別緒的集中反映。王氏前詩因西風忽作而對月生情。所謂「故應今夜月，未便照相思」，是說假如西風阻船，暫不成行，那麼，今夜之月仍可同賞，而不致一種離愁、兩處相思。後詩頗爲時人所激賞。据惠洪《冷齋夜話》卷四載，惠洪曾與其弟超然品評此詩。超然認爲此詩「得於天趣」，惠洪不解，問道：「句法固佳，然何以識其天趣？」超然答說：「能言蕭何所以識韓信，則天趣可言」。頗有自視高明而睥睨惠洪之意。惠洪「覺不能詰，嘆曰：『微超然，誰知之』？」似乎千載之下，解人惟超然而已。其實，所謂「天趣」，雖不能確指，但它顯然得力於末句「月明洲渚生」。暮潮已平，話別已罷，而離人復又攜手，不忍登程。就在這時，一輪明月從洲渚上冉冉升起。詩於此戛然而止，將離人的無限愁思都包蘊在鋪天蓋地的月光中。真是一輪溢出，滿篇生輝。

同樣以月作爲別離主題賴以生發的意象，不同的作品卻有著不同的熔鑄與結構方式。絕大多數場合，月只是在篇末推出，以籠罩前文；但也有些作品則以月來經緯全篇。前者如南朝徐陵的《秋日別庾員》「征途愁轉旆，連騎慘停鑣。朔氣凌疏木，江風送上潮。青雀離帆遠，朱鳶別路遙。唯有當秋月，夜夜上河橋」。唐代杜牧《偶題二首》其二：「有恨秋來報，無端別後知。夜闌終耿耿，明發竟遲遲。信已憑鴻去，歸唯與燕期。只因明月見，千里兩相思」。都在篇末以明月總縮離情別緒，並借明月寄寓感嘆或慰勉之意。後者如：

今夜鄜州月，閨中只獨看。

遙憐小兒女，未解憶長安。

香霧雲鬟濕，清輝玉臂寒。

何時倚虛幌，雙照淚痕乾。

──唐‧杜甫《月夜》

　　恨君不似江樓月，南北東西，南北東西，只有相隨無別離。

　　　　恨君卻似江樓月，暫滿還虧，暫滿還虧，待得團圓是幾時？

──宋‧呂本中《采桑子》

杜詩借看月而抒離情。題為「月夜」，字字都從月光中照出，而以「獨看」、「雙照」為一篇之眼。當時，作者與妻子，一在長安，一在鄜州，因戰亂而導致別離。值此三五之夜，作者不免望月思家。明明此時自己獨看長安之月而憶鄜州，卻偏從對面著筆，寫妻子獨看鄜州之月而憶長安，這是「透過一層」的寫法。由「獨看」又引出「雙照」。如果說「獨看」僅僅是眼前的現實的話，那麼「雙照」則兼含對往日同看的回憶和對他日同看的希望。然而，把「雙照淚痕乾」的希望寄托於不知何時的未來，這本身又多麼令人感傷！而他日「雙照」，淚痕始乾，則此時獨看而淚痕不乾，也就不言自明了。呂詞「用常得奇」，借譬喻之多邊，正反設譬：月，形圓而體明，意蘊甚多，因此，立喻者往往各取所需，舉其一邊而不及其餘。而呂詞卻十分巧妙地把月圓與月明作為比喻之二邊，使之既相互對立，又和諧地統一於同一個藝術整體。詞中的思婦對月懷人，亦怨亦慕，時而「恨君不似江樓月」，時而又「恨君卻似江樓月」。正是借助月光的映照，她那複雜而又纖細的傷離恨別意緒才得以凸現。月，這一別離文學作家遞相沿襲的意象，在呂氏筆下顯然煥發出了新的光彩。

第五節　「蠟燭有心還惜別，
替人垂淚到天明」
—— 別離主題賴以生發的意象之五：淚

　　淚，非獨爲別離而流，感時憂國等亦可以使古代作家涕淚縱橫，但在別離的場合，淚卻總是適時地揮灑而出，以致「揮淚而別」幾乎成爲一種具有普遍意義的常用語。自然，我們不敢說「有別必淚」、「有淚必盈」，但卻可以說，絕大多數別離者都難免淚下沾巾。臨別揮淚，在他們，恰如臨別飲酒、臨別折柳一樣經常、一樣普遍，唯其如此，有理由認爲，淚也是別離主題賴以生發的意象之一，雖然它不像「柳」那樣非別離主題莫屬。

　　在別離詩詞中，淚往往有著神奇的效應。它不僅能損傷離人的眼睛：「纖腰減束素，別淚損橫波」（北周庾信《擬詠懷》）；沾濕離人的衣裳：「贈言未終竟，流涕忽沾裳」（唐·楊炯《送臨津房少府》）；落滿離人的酒杯：「萬里相看忘逆旅，三聲清淚落離觴」（宋黃庭堅《和答元明黔南贈別》）；而且能染紅楓葉、霜林：「莫道男兒心似鐵，君不見滿川紅葉，盡是離人眼中血」（金董解元《諸宮調》）；「曉來誰染霜林醉？總是離人淚」（元王實甫《西廂記》）。而揮淚的方式也極爲豐富，有時憑軾而流：「憑軾徒下淚，裁書路已賒」（梁朱記室《送別不及贈何殷二記室》）；有時臨江而下：「徘徊相顧影，淚下漢江流」（唐李白《江夏送友人》）；有時逢春而灑：「憫憫歧路側，去去平生親。一朝事千里，流涕向三春」（梁何遜《相送聯句》）；有時獨自嗚咽：「以我辭鄉淚，沾君送別衣」（同上）；有時相對而泣：「零落殘魂倍黯然，雙垂別淚越江邊」（唐柳宗元《別

舍弟宗一》）；有時欲揮又拭：「藏啼留送別，拭淚強相參」（
庾信《贈別》）。

　　顯然，淚的介入，往往不僅使別離的氛圍變得更加慘淡，也
使別離曲的旋律變得更為哀婉。別離，之所以為「黯然銷魂者」，
不就是因為它能催人淚下嗎？作為內心苦水的結晶，淚的揮灑，
說明離人委實已傷心到極點。而古往今來，有多少這樣的傷心人
啊！南齊沈約《送別友人》云：「君東我亦東，銜悲涕如霰。」
「霰」者，雪珠也。因為滿懷別離的悲哀，作者傷心的淚水竟像
雪珠一樣飛濺而出。梁代吳均《發湘江贈親故別》云：「相送出
江潯，淚下沾衣襟」。相送之際，淚下沾衣，本是人之常情，豈
獨作者而已？《酬聞人侍郎別》云：「共懷萬里心，各作千行泣。」
行者與送者盡皆揮淚，而且盡皆揮淚千行，這該是何等淒慘的場
面！北周庾信《送周尚書弘正》云：「離期雖已促，別淚轉無從。」
這實際上是說欲哭無淚，其悲哀比淚飛如雨更深一層。陳代陰鏗
《廣陵岸送北使》云：「離舟對零雨，別渚望飛鳧。定知能下淚，
非但一楊朱」。楊朱，戰國時魏人，後於墨翟，前於孟軻，所倡
「不拔一毛以利天下」說被儒家斥為異端。《太平御覽》卷一九
五引《淮南子》：「楊子見歧路而哭之，為其可以南可以北。」
這是「泣歧」一典的由來。而今，作者臨歧送別，深感自己亦難
免作楊朱之泣。唐代杜甫《公安送韋二少府匡贊》云：「古往今
來皆涕淚，斷腸分手各風煙」。斷腸人一旦分手，各自的身影很
快便消失在風煙彌漫中。既然古往今來莫不為此垂涕，作者又何
惜一掬清淚呢？宋代徐鉉《送王四十五歸東都》云：「海內兵方
起，離筵淚易垂」。在兵荒馬亂之際與友人餞別，淚水自然更易
揮落，陳師道《別黃徐州》云：「衰病又為今日別，數行老淚灑
西風」。衰朽之年，又送衰颯之節，如此情境下的別離，豈能不

淚灑西風？而西風吹淚，又將作者的感傷送往遠方。陳與義《別孫信道》云：「如君那可別，老淚欲沾衣」。「老淚」，必定分外淒涼，沾衣後留下的斑斑痕跡也當更加不能抹去。曹組《青玉案》云：「一聲孤雁，半窗殘月，總是離人淚」。每當孤雁哀唳、殘月映窗，離人總是別恨潛滋、別淚紛墮，因爲斷腸人既聽不得斷腸聲，也見不得斷腸景。無名氏《玉樓春》云：「柔情勝似嶺頭雲，別淚多於花上雨。」別淚比「花上雨」還多，該是多麼滂沛淋漓？謝翱《秋社寄山中故人》云：「燕子來時人送客，不堪離別淚沾衣」。明確地說出淚是因別離而流，不流則已，一流必至沾衣方休。張良臣《別持上人》云：「晴江入舟楫，忍淚別僧時」。臨別時強忍淚水，是不想將友人也帶入感傷中；但忍得住淚水，卻泯不滅離愁。清代周淑履《冬日送別表妹》云：「蕭蕭風雪逼人寒，欲整行裝忍淚看」。同樣是「忍淚」，而加一「看」字，則其情態倍加淒楚。董以寧《閨怨》云：「留得當時臨別淚，經年不忍浣衣裳」。情郎臨行前留在衣裳上的淚痕，這位閨中少婦經年猶不忍浣去，因爲它凝結著對方的依依惜別之情，看到它，雖不免被勾起離愁別恨，卻也能有感於對方的一往情深而墮入愛河，所謂「苦」在其中，「樂」也在其中。

確實，作爲別離文學作家慣用的意象之一，淚在別離詩詞中常常能起到渲染氛圍、烘托情緒、奠定基調和強化旋律的作用。雖然直接描寫「淚」的文字也許並不太多，卻總是恰到好處地前後關聯，從而使別離主題得以生發。請看四首七絕：

江城三月柳絮飛，五年遊客送人歸。

故將別淚和鄉淚，今日闌干濕汝衣。

——唐·戎昱《征人歸鄉》

荒煙涼雨助人悲，淚染衣襟不自知。

除卻春風沙際綠，一如看汝過江時。

> ──宋・王安石《送和甫至龍安微雨，因寄吳氏
> 女子》

借寇何能共此邦，離懷未易寸心降。

惟將老淚逐梅雨，流入玉溪同一江。

> ──宋・曹勛《送曾紘父還朝》

莫唱當年長恨歌，人間亦自有銀河。

石壕村里夫妻別，淚比長生殿上多。

> ──清・袁枚《馬嵬》

戎詩以柳絮起興，點出自己與友人一同客遊他鄉而友人得歸故土。這樣，送別時必然是惜別之情與懷鄉之思一並油然而生。終於它們化為「別淚和鄉淚」，紛墮如雨，一下子便沾濕了友人的衣巾。連用兩個「淚」字，既寫出其淚水之多，也見出其感觸之深、傷心之甚。王詩中「淚染衣襟不自知」一句，在結構上既承續前句「荒煙涼雨助人悲，」點明送別和甫的此刻，景物蕭瑟，益增離愁，乃致淚下沾衣猶渾然不覺；又統攝後文「除卻春風沙際綠，一如看汝過江時」，暗示當年相別時除季節不同外，一切都與今日毫無二致。這就是說，「淚染衣襟不自知」是今日與當年所共有的情態，當年如此，今日亦復如此。唯其是一種歷史的延續，才更富於典型性。曹詩所送別的「曹紘父」曾知台州，頗有政聲。因此作者先對他略事稱頌，在稱頌中流露出戀戀不捨的情意。「借寇」，典出《後漢書・寇恂傳》：寇恂曾為穎川太守，有治績。後光武帝至穎川，百姓遮道向光武帝要求「復借寇君一年。」接著感嘆別離使人難以為懷，值此送別之際寸心無法歸於平靜。鋪墊至此，已形成蓄勢。於是，惜別的淚水便自然而然地奪眶而出：「惟將老淚逐梅雨，流入玉溪同一江」。這與梅雨俱飛、偕玉溪

共流的「老淚」，將正在上演中的別離的悲劇推向高潮。袁詩由
歷史上的唐玄宗與楊貴妃欲求長生、終成長恨的悲劇故事生發開
來，爲民間的凡夫俗子呼出不堪生離死別之苦的心聲。而作品的
眼目也是一個「淚」字。「石壕」二句通過淚多淚少的比較，生
動形象地說明：比起帝王貴妃來，民間男女生離死別的痛苦更爲
頻繁，也更爲深刻。

　　誠然，「無偏於私愛」是劉勰在《文心雕龍》中早就對鑒賞
者提出的要求，但各不相同的審美趣味，卻往往使鑒賞者在鑒賞
過程中表現出種種可以理解的偏愛。如果保留這點偏愛的權利並
非大逆不道或大謬不然的話，那麼，我要說，在以淚爲意象的別
離詩詞中，我偏愛唐代杜牧的《贈別二首》其二：

　　　多情卻似總無情，唯覺樽前笑不成。

　　　蠟燭有心還惜別，替人垂淚到天明。

「自古多情傷離別」，既然爲別離而感傷，自屬「多情」之人；
但別宴上淒然相向、默然無語，卻又似彼此無情。作者一入筆便
揭出這種矛盾情態。他多想強顏歡笑於樽前，使所愛感染上一點
樂觀的情緒。然而不管他如何努力，都擠不出一絲笑容。「唯覺
樽前笑不成」。「笑不成」三字，隱括了一個由百般努力到努力
失敗再到無奈喟嘆的情感演進過程。揆情度理，「笑不成」，是
因爲內心充滿悲苦的緣故，「笑不成」之後應當「淚難收。」但
高明的作者雖然也著筆於「淚」，卻將它賦予別筵上燃燒的蠟燭：
「蠟燭有心還惜別，替人垂淚到天明」。蠟燭本是有燭芯的，所
以說「蠟燭有心」。既然「蠟燭有心」，那就難免爲「多情」所
感，而主動加入「惜別」者的行列。於是，在作者眼裡，它那徹
夜流溢的燭淚，也就帶有惜別的意味了。較之正面描寫離人自己
通宵垂淚，這樣著筆自然更加紆曲有致。

第六節　「故人一別幾時見，
　　　　春草還從舊處生」
——草及其他別離主題賴以生發的意象

　　除了「柳」、「水」、「酒」、「月」、「淚」以外，還有其他一些意象為別離文學作家所不斷襲用，如「草」、「雲」、「南浦」、「灞橋」等等，它們或具有某種與離情別緒相似的形態特徵，或本身便有離情別緒積澱於內。因此，以之楔入詩詞，每每能烘托甚至深化別離主題。其中，「草」與「雲」尤為常見。

　　先說「草」。南唐後主李煜《清平樂》詞有句：「離恨恰如香草，更行更遠還生」。這說明，在古人眼裏，離愁別恨至少在「更行更遠還生」這一點上與香草相彷彿。這樣，他們才遞相祖述地借草詠別。在借草詠別的作品中，最著名的或許是白居易的《賦得古原草送別》：

　　　離離原上草，一歲一枯榮。

　　　野火燒不盡，春風吹又生。

　　　遠芳侵古道，晴翠接荒城。

　　　又送王孫去，萋萋滿別情。

這是一首行卷之作。據張固《幽閑鼓吹》載，作者曾以此詩謁顧況而得以在「米貴」的長安由「居不易」到「居易」。可知它是何等富於藝術魅力。全詩八句，前六句詠草，後二句詠別，似乎重在為草傳神寫照；其實，詠草的筆墨雖多，其作用卻只不過是布置一個送別的典型環境：大地春回，芳草萋萋，景色殊為迷人，在這樣的環境中送別，是多麼富於詩情畫意，又是多麼容易令人即目興感、觸景傷懷啊！「萋萋滿別情」，在作者看來，似乎每

一片草葉都飽含離愁別恨。這正是詩中所有詠草的筆墨的最終落點。值得稱道的是，作者詠草而執著於其生生不息的活力，用筆靈動，意境渾成。其中，「野火燒不盡，春風吹又生」二句更是卓絕千古。這是詩中的例子。詞中的例子如宋代韓縝的《鳳簫吟》：「鎖離愁，連綿天際，來時陌上初熏。繡幃人念遠，暗垂珠淚，泣送車輪。長亭長在眼，更重重，遠山孤雲。但望極樓高，盡日目斷王孫。　　　消魂。池塘別後，曾行處，綠妒輕裙。恁時攜素手，亂花飛絮裡，緩步香裀。朱顏空自改，向年年、芳草意長新。遍綠野，嬉遊醉眠，莫負青春。」不僅通篇寫草，而且始終把草當作離恨的象徵而進行多側面的刻劃，因而被公認為是詠草的典範，恰如周邦彥的《蘭陵王》被公認為是詠柳的典範一樣。作品一開始便揭出別離主題：連綿無際的春草鎖住了連綿無際的離愁。著一「鎖」字，便使本不相干的春草與離愁聯繫在一起。接著引出不堪離愁折磨的閨中少婦。「暗送」二句筆意相關：既是摹寫閨中少婦傷別的情態，也是對春草進行藝術造型——春草沾露欲滴，征輪輾過時露珠紛墜，宛若哀哀泣別。然後又用「遠水孤雲」渲染草天一色的淒迷景色，而以閨中少婦的登樓望遠之態收束上片，點出那連綿不絕的春草乃其眼中所見。這就難怪它會深染離愁了。過片「銷魂」二字承上啟下，是通篇精神所在。「池塘」以下數句暗用謝靈運名句「池塘生春草」，仍由春草加以生發：當年，別後重逢，攜手漫步於芳徑，惹得嫩綠的春草微萌妒意。「朱顏」三句通過「朱顏」衰與「芳意」盛的對比，托出昔歡今哀之感。篇末「遍綠野」三字再度落筆於草。儘管抒情主人公以解脫之語強作寬慰，但綿綿此草，作為離愁的象徵卻只會無止境地引起她的感傷。通篇「以我觀物，故物皆著我之色彩」，深得意象熔鑄之要領。

　　以草烘托和寫照離愁，濫觴於《楚辭・招隱士》：「王孫游兮不歸，春草生兮萋萋。」這是借草詠別之祖，上引白詩韓詞都曾化用其意。這以後，南朝作家江淹《別賦》中的「春草碧色，春水綠波，送君南浦，傷如之何，」是其嗣響。迄於唐宋，草已被普遍用作傷離恨別的意象。如顧況《贈遠》云：「故人一別幾時見，春草還從舊處生。」李冶《送閻二十六赴剡縣》云：「離情遍芳草，無處不萋萋。」溫庭筠《菩薩蠻》云：「門外草萋萋，送君聞馬嘶。」馮延巳《鵲踏枝》云：「河畔青蕪堤上柳，為問新愁，何事年年有？」寇準《踏莎行》云：「倚樓無語欲銷魂，長空黯淡連芳草」。林逋《點絳唇》云：「又是離歌，一闋長亭暮。王孫去，萋萋無數，南北東西路」。歐陽修《洞仙歌令》云：「樓前亂草，是離人方寸，倚遍欄杆意無盡」。石延年《燕歸梁》云：「芳草年年惹恨幽。想前事悠悠，傷春傷別幾時休」。秦觀《八六子》云：「倚危亭，恨如芳草，萋萋劃盡還生」。朱淑真《謁金門》云：「滿院落花簾不卷，斷腸芳草遠。」胡楚《絕句》云：「若將此恨同芳草，卻恐青青有盡時」。元明清時期，別離文學作家對草這一意象也十分鐘情。以明人為例，王雲鳳《送客》既云：「愁看陌上青青草，送盡行人總不知。」夏完淳《魚游春水》亦云：「離愁心上住，卷盡重簾推不去。簾前青草，又送一番愁句。」都發揮了草這一意象的妙用。

　　再說「雲」。雲之聚散無定，恰如人之離合無常；而雲之飄泊無依，又酷似人之流離失所。這是雲所以成為別離主題賴以生發的意象的原因。唐代詩人李白在抒寫離情別緒時，既善借助於「水」，亦善比托於「雲」。其《送友人》一詩中的「浮雲游子意，落日故人情」二句固然像中有興，神餘言外，以致廣為傳誦，而《白雲歌送劉十六歸京》一詩也見賦物宛轉、情景相生之妙：

　　楚山秦山皆白雲，白雲處處長隨君。

　　長隨君，君入楚山裏，雲亦隨君渡湘水。

　　湘水上，女蘿衣，白雲堪臥君早歸。

誠然，雲在古代詩詞中也往往和隱士聯繫在一起。南齊時，齊高帝蕭道成曾問隱士陶弘景「山中何所有？」陶弘景答道：「山中何所有？嶺上多白雲。只可自怡悅，不堪持贈君」。從此，自由飄蕩、不染塵俗的白雲便常被用來寫照隱士的品格。無須否認，李白此詩亦有以白雲象徵劉氏的高潔品格之意。但同時，在白雲這一意象中，更寄托了他與劉氏的依依惜別之情。這朵無語而多情的白雲從一開篇便與劉氏形影不離，隨他渡湘水入楚山，這正反映了作者留之不得而欲偕其同去的願望。戴復古《林伯仁話別二絕》其一中的「片心已逐白雲去，日日向君行處飛」，可以作為李白此詩的注腳。

　　當然，善融「白雲」為意象的豈只是李白？在李白之前，江總《別永新侯》有句：「欲知腸斷絕，浮雲去不還」。張若虛《春江花月夜》有句：「白雲一片去悠悠，青楓浦上不勝愁」。王維《送別》有句：「但去莫復問，白雲無盡時」。在李白之後，韋應物《淮上喜會梁州故人》有句：「浮雲一別後，流水十年間」。劉長卿《上湖田館南樓憶朱宴》有句：「白雲如有意，萬里望孤舟」。崔曙《對雨送鄭陵》有句：「寄心海上雲，千里常相見」。柳永《卜算子慢》有句：「縱寫得、離腸萬種，奈歸雲難寄」。蘇軾《和陶與晉安別》有句：「暫聚水上萍，忽散風中雲」。惠洪《青玉案》有句：「高城回首，暮雲遮盡，目斷人何處」。趙以夫《鵲橋仙》有句：「竹外荷邊再相逢，又還是、浮雲飛去」。陳淵《錢塘學中寄伯思》有句：「綠草年年離恨，白雲日日歸心」。李攀龍《送明卿之江西》有句：「誰向孤舟憐逐客？白雲相送大

江西。」或直或曲，或顯或隱，或抑或揚，都巧妙地融離情別緒
於雲中，使雲成爲離情別緒的觸媒或化身。而不用說，這些遠不
是借雲詠別的作品的全部。

　　至於「南浦」和「灞橋」，作爲習見於別離詩詞的意象，其
涵義及作用較爲固定，那就是指代送別地點。似乎可以說，凡是
使用「南浦」或「灞橋」一詞的詩詞，必定與送別有關。如果上
溯其源，那麼，「南浦」一詞最早出現於屈原的《九歌・河伯》
「送美人兮南浦」。其後，江淹《別賦》又云：「送君南浦，傷
如之何」。於是，「南浦」便漸漸成爲送別地點的代稱，而不斷
滲透進作家們的離情別緒，終於取得了被作家們爭相用作意象的
殊榮。如吳均《同柳吳興烏亭集送柳舍人》云：「河陽一悵望，
南浦送將歸」。王褒《送劉中書葬》云：「昔別傷南浦，今歸去
北邙」。武元衡《鄂渚送友》云：「江上梅花無數落，送君南浦
不勝情」。朱淑眞《江城子》云：「芳草斷煙南浦路，和別淚，
看青山。」辛棄疾《祝英台近》云：「寶釵分，桃葉渡，煙柳暗
南浦。」而「灞橋」一詞，不僅屢屢出現於別離文學作家筆下，
且載於史籍。《三輔黃圖》卷六云：「霸橋在長安東，跨水作橋。
漢人送客至此，折柳贈別」。《開元天寶遺事》卷下亦云：「長
安東灞陵有橋，來迎去送皆至此橋，爲離別之地，故人呼之銷魂
橋也」。由此可知它之成爲別離詩詞中司空見慣的意象，決非偶
然。

　　應當補充說明的是，「柳」、「水」、「酒」、「月」、「
淚」、「草」、「雲」、「南浦」、「灞橋」等別離主題賴以生
發的意象，往往被作家們交織在同一首作品中，促使它們互生互
濟、相輔相成，共同負起烘托、渲染或寫照、象徵離愁別恨的使
命。當然，其「配方」各有不同。有的兼用月、淚，如晚唐韋莊

的《女冠子》：「四月十七，正是去年今日。別君時，忍淚佯低
面，含羞半斂眉，不知魂已斷，空有夢相隨，除卻天邊月，沒人
知」。有的兼用水、酒，如梁代虞羲的《送友人上湘》：「濡足
送征人，褰裳臨水路。共盈一樽酒，對之愁日暮。漢廣雖容舠，
風悲未可渡。佳期難再得，但願論心故。沅水日生波，芳洲行墜
露。共知丘壑改，同無金石固」。有的兼用柳，水，酒，如南齊
蕭綱的《送別》：「行行異沂海，依依別路歧。水苔隨纜聚，岸
柳拂自垂。石菌生懸葉，江槎梳臥枝。燭盡悲宵去，酒滿惜將離」。
有的兼用月、淚，雲，如梁代吳均的《送呂外兵》：「白雲浮海
際，明月落河濱。送君長太息，徒使淚沾巾」。有的兼用柳、酒、
淚，如清代朱柔則的《送外之大梁》：「前時失意悔游燕，此去
中州枉自憐。飄泊君同蘇季苦，操持吾愧孟光賢。計程已隔三千
里，念別誰堪四五年。莫向離亭歌折柳，恐催客淚落觴前」。有
的兼用水、酒、草、雲，如梁代吳均的《同柳吳興何山集送劉餘
杭》：「王孫重離別，置酒峰之幾。逶迤川上草，參差澗裡薇。
輕雲紉遠岫，細雨沐山衣。櫓端水禽息，窗上野螢飛。君隨綠波
遠，我逐清風歸。」有的兼用柳、水、酒、月，如梁代范雲的《
送別》：「東風柳線長，送郎上河梁。未盡樽前酒，妾淚已千行。
不愁書難寄，但恐鬢將霜。望懷白首約，江上早歸航」。有的兼
用水、酒、月、淚、雲，如明代張紅橋的《念奴嬌》：「鳳凰山
下，恨聲聲、玉漏今宵易歇，三疊陽關歌未竟，城上栖烏催別。
一縷情絲，兩行清淚，漬透千重鐵。重來休問，尊前已是愁絕。
還憶浴罷描眉，夢回攜手，踏碎花間月。漫道胸前懷豆蔻，今日
總成虛設。桃葉渡頭，莫愁湖畔，遠樹雲煙疊。剪燭簾幕，相思
誰與同說？」有的兼用水、酒、月、草、南浦，如明代黃周星的
《滿庭芳》：「新綠方濃，殘紅盡落，多情正自凝眸。不堪南浦，

又復送歸舟。便倩江郎作賦，也難寫別恨離愁。消魂久，斜陽芳草，天際水悠悠。問君何處去？若耶溪畔，宛委山頭。有千岩競秀，萬壑爭流。愧我江湖跡遍，到如今，仍坐書囚。遲君至，開襟散髮，詠月醉南樓。」如此變化組合，以至於無窮，而別離主題便在變化組合中不斷得到新的生發。

第四章　別離樂章的主旋律與變奏曲

第一節　「有別必怨，有怨必盈」

——別離樂章的主旋律

　　歷代作家用他們那蘊含著生命真諦的「七色蘆笛」吹奏出一曲曲動人心弦的別離樂章，儘管這些樂章由各不相同的音符所組成，但它們的基調卻驚人地相似：大多哀婉與愁苦。可以說，哀婉之音與愁苦之韻是別離樂章的主旋律。江淹在《別賦》中斷言：「有別必怨，有怨必盈。」這似乎過於絕對了些，但大部分別離文學作品的確可以用一個「怨」字來概括。

　　以上各章對這一問題其實已經觸及。就首章而言，無論是羅貫中《三國演義》中所描寫的「君臣之別」的場面，還是蔡琰在《悲憤詩》中所展現的「母子之別」的景況，無論是班固在《漢書·蘇武傳》中所設計的「友朋之別」的情境，還是洪昇在《長生殿》中所渲染的「情侶之別」的氛圍，都有苦水流溢於內，淚光映射於外，那樣哀怨，那樣淒婉，幾乎令人不忍卒讀。因此，這裡，我把哀婉之音與愁苦之韻稱為別離樂章的主旋律，也許人們不會有太多的異議，至少不會感到突兀。

　　為了更充分地說明這一問題，不妨讓我們一起到別離文學的園地裡去再度流覽與採擷——其實，又何須著意去流覽與採擷呢？剛一涉足別離文學的園地，那哀怨淒婉的詩句便向著我們的眼簾紛至沓來，繼而又通過眼簾將沉鬱之氣注入我們的心田、悲涼之霧罩住我們的視野。「悲莫悲兮生別離」，這是屈原在《九歌·

少司命》中的唱嘆：「死別已吞聲，生別常惻惻。」這是杜甫在
《夢李白二首》其一中的感慨：「人間別離盡堪哭，何況不知何
日歸」，這是趙嘏在《江上與兄別》中的哭訴：「更漏咽，滴破
憂心，萬感並生，都在離人愁耳。」這是柳永在《十二時·秋夜》
中的哀號；「問余別恨知多少？落花春暮爭紛紛。」這是李白在
《憶舊游寄譙郡元參軍》中的泣白——連自許「平生不下淚」的
李白尚且作這樣的泣白，一般的多愁善感的作家在吟詠別離時，
又怎能與哀怨、淒婉絕緣呢？

　　一個有趣的現象是，在傾訴別離的感傷時，魏晉南北朝時期
的作家多喜用一個「憂」字。如謝朓《新亭渚別范零陵雲》：「
心事俱已矣，江上徒離憂。」江總《別南海賓化侯》：「其如江
海泣，惆悵徒離憂。」唐宋以後的作家則多喜用一個「愁」字，
如李煜《相見歡》：「剪不斷，理還亂，是離愁，別是一番滋味
在心頭。」晏殊《清平樂》：「春花秋草，只是催人老。總把千
山眉黛掃，未抵別愁多少。」張先《臨江仙》：「自古傷心唯遠
別，登山臨水遲留，暮塵衰草一番秋。尋常景物，到此盡成愁。」
李九齡《過相思谷》：「悠悠信馬春山曲，芳草和煙鋪嫩綠。正
被春愁著莫人，那堪更過相思谷。」當然，也有的則刻意突出一
個「苦」字或「悲」字，如溫庭筠《更漏子》：「梧桐樹，三更
雨，不道離情正苦。一葉葉，一聲聲，空階滴到明。」嚴羽《臨
川逢鄭遘之之雲夢》：「世亂音書到何日？關河一望不勝悲。」
當作家們覺得使用「憂」、「愁」、「苦」、「悲」等字眼還不
足以形容別離帶給他們的感傷的程度時，便轉而描寫自己在身心
兩方面所受到的嚴重摧殘，於是便又有了「白頭」、「斷腸」乃
至「斷魂」的說法。聲稱自己因別離而「白頭」的，如蘇軾的《
滿江紅》；「恨此生，長向別離中，添華髮。」趙師秀的《送湯

主簿》：「扶起階前菊，秋霖苦未休，更逢千里別，早白一年頭。」
宣告自己因別離而「斷腸」的，如白居易的《南浦別》：「南浦
淒淒別，西風裊裊秋，一看腸一斷，好去莫回頭。」章妙懿《送
汪水雲歸吳》：「一從騎馬逐鈴鑾，過了千山更萬山，君已歸裝
向南去，不堪腸斷唱陽關。」表白自己因別離而「斷魂」的，如
韓琦《和春卿學士柳枝詞》：「畫樓南北水連天，才聽鶯聲又晚
蟬。長使離魂容易斷，春風秋月自依然。」韓駒《九絕爲亞卿作》
其四：「世上無情似有情，俱將苦淚點離樽。人心眞處君須會，
認取儂家暗斷魂。」從情理上說，「白頭」容或有之，「斷腸」、
「斷魂」則屬於藝術的誇張了。但若非如此誇張，又怎能形容內
心的哀怨與愁苦、使別離樂章的主旋律得到強化呢？

　　應該說，作爲別離樂章的主旋律的哀婉之音與愁苦之韻，在
女性作家的作品裡顯得更爲充盈。這或許是因爲女性作家的心緒
更加纖細、柔弱的緣故。蔡琰的《悲憤詩》無須多說，且看李清
照的《鳳凰台上憶吹簫》：

> 香冷金猊，被翻紅浪，起來慵自梳頭。任寶奩塵滿，日上
> 簾鉤。生怕離懷別苦，多少事，欲說還休。新來瘦，非關
> 病酒，不是悲秋。　　休休！這回去也，千萬遍陽關，也
> 則難留。念武陵人遠，煙鎖秦樓。唯有樓前流水，應念我、
> 終日凝眸。凝眸處，從今又添，一段新愁。

儘管作者發語時故意吞吞吐吐，曲曲折折，但哀婉之音與愁苦之
韻卻還是不可遏止地飄逸在字裡行間。一開篇寫自己慵於梳妝，
似乎與離愁無關。其實，這正是因耽於離愁而百事無心的緣故。
其意略同於《詩經·衛風·伯兮》所謂：「自伯之東，首如飛蓬。
豈無膏沐？誰適爲容？」這當然不是我們的臆測，緊接著作者自
己便傾吐出「生怕離懷別苦。多少事，欲說還休」的哀怨心聲，

明白告訴我們「慵」乃別離所致。如果不是沉溺於「別苦」而難以自拔，又如何忍心讓「寶奩」積滿灰塵呢？雖然作者自道「欲說還休」，但實際上卻還是忍不住說出了許多，只是說得較爲含蓄而已。譬如「新來瘦」三句：既然新近消瘦得厲害，卻又不是因爲「病酒」和「悲秋」，這豈不是暗示讀者她正經受著離愁別恨的折磨嗎？它與作者《醉花陰》一詞中描寫離愁別恨的名句「莫道不銷魂，簾卷西風，人比黃花瘦」有異曲同工之妙。換頭處用疊字加重無可奈何的語氣，「千萬遍陽關，也則難留。」說明作者曾一再挽留，但對方行期有定，難以更改，任憑她將離歌別曲唱上千遍萬遍，也挽留不得。唯其如此，她的憾恨和哀痛才分外深長。「凝眸處，從今又添，一段新愁。」詞以一個直抒胸臆的「愁」字煞尾，使情感形成由「苦」到「悲」、再由「悲」到「愁」的回環，而詞的旋律便在這種回環中變得愈益低沉和哀婉。

　　「尋尋覓覓，冷冷清清，淒淒慘慘戚戚。」這不獨是李清照經歷了生離死別後的感受，宋代的其他女詞人，又有哪一位抒寫離情別緒時能不「淒淒慘慘戚戚」呢？讓我們再讀一讀聶勝瓊的《鷓鴣天・寄李之問》吧！

　　　　玉慘花愁出鳳城，蓮花樓下柳青青。

　　　　尊前一唱陽關後，別個人人第五程。

　　　　尋好夢，夢難成。有誰知我此時情。

　　　　枕前淚共簾前雨，隔個窗兒滴到明。

此詞作者爲宋代名妓。她雖不幸淪落風塵，以色事人，卻酷愛詩書，雅善填詞，因而頗爲禮部屬官李之問所屬意。而作者對李之問亦情有所鐘，此詞即爲寄贈李之問而作。其本事，《古今詞話》記之甚詳：「李將行，勝瓊送之別，飲於蓮花樓，唱一詞，末句曰：『無計留春住，奈何無計隨君去。』李復留經月，爲細君督

歸甚切，遂別。不旬日，聶作一詞以寄李，名《鷓鴣天》。李中路得之，藏於篋間，抵家為其妻所得，因問之，具以實告。妻喜其語句清健，遂出妝奩資募。後往京師取歸。」一闋離歌，竟至感化主母，而使「有情人終成眷屬，」這也足稱詞壇佳話了。詞的上片對送別時的情景進行藝術顯影。起句「玉慘花愁出鳳城」，即披露了作者哀婉欲絕的惜別情懷。「玉」、「花」乃作者自喻其芳潔的品貌。「慘」、「愁」乃作者自道其淒苦的心態。四字錯互而出，使一位因別離在即而玉顏憔悴、花容失色的「佳人」的形象躍然紙上。「出鳳城」，指步出京城、來到郊外——相傳秦穆公小女弄玉吹簫引鳳，鳳凰降至京城，後因稱京城為鳳城，雖然「送君千里，終有一別」，但對於有情人來說，多送得一程，便多聚得一刻，因此，作者執意要送出郊外，並選擇郊外的一座酒樓作為餞別之所。這便引出了次句：「蓮花樓下柳青青。」「蓮花樓」，顯係作者與意中人餞別的酒樓。值此春風駘蕩之時蓮花樓下楊柳綻青，長條紛披，這既可理解為眼見的實景，也可理解為作者心造的意象——別離主題賴以生發的意象。「尊前一唱陽關後，別個人人第五程」兩句進一步渲染離情別緒。「陽關」指「陽關三疊」。宋代女詞人似乎習於用唱「陽關」來烘托別離場面。李清照《鳳凰台上憶吹簫》既云：「千萬遍陽關，也則難留，」《蝶戀花》亦云：「四疊陽關，唱到千千遍。」本來，「蓮花樓下柳青青」的景色已使作者離愁繚亂，何況共飲離尊之際，又唱起「陽關三疊」這使人心弦欲斷的送別曲？終於，一曲唱罷，離人登程，作者唯有淚眼相望，徒呼奈何！「第五程」，極言路程之遠，隱隱流露出作者對遠去的意中人的安危的憂念。如果說上片著重表現送別時的離異之痛的話，那麼下片則著重抒寫送別後的思念之苦。一別累月，相見無由，作者只好將深摯的惜別之

情寄托於夢境。然而「尋好夢，夢難成。」連在夢中與心中人同
敘款曲、對訴衷腸也不可得。這兩句既暗示了作者的長夜無眠，
也展現出她由尋夢甚切到覓夢難溫、亦即由希望到失望的心路歷
程。「有誰知我此時情」，這一極度失望之際發出的痛苦的內心
獨白，將作者的孤獨感與寂寞感披露無遺。而作者之所以直抒胸
臆，想是因爲心中鬱積過甚，必卻一吐爲快。如此用筆，已是如
泣如訴，感人至深。但釋放出更強烈的情感衝擊波，使讀者的心
靈爲之震顫不已的還是最後兩句：「枕前淚共簾前雨，隔個窗兒
滴到明。」這幅由哀怨情與淒涼景融合成的畫面該是何等令人傷
心慘目啊！窗內，珠淚漣漣，墜落於枕前；窗外，春雨綿綿，飄
灑於簾前。彷彿有意一較短長似的，二者都一氣滴到天明才稍間
以緩。這自然不無誇張，但和前引李詞一樣，若非借助誇張，作
者的千般苦、萬種愁又怎能得到淋漓盡致的抒發？溫庭筠《更漏
子》有云：「梧桐樹，三更雨，不道離情正苦，一葉葉、一聲聲，
空階滴到明。」這已開以雨聲襯托離情的先河，但作者這裡翻爲
「枕前淚共簾前雨，隔著窗兒滴到明」，別出心裁地讓淚水與雨
水互映、淚聲與雨聲共鳴，從而將自己的主體活動與雨夜的客體
環境融合爲一，其精切似尤過於溫詞。同時，較之溫詞，也有著
更多的哀婉之音與愁苦之韻。

　　以知名度而論，聶勝瓊不及李清照，而明代的方維儀又不及
聶勝瓊，她的一首《死別離》詩在藝術上固然既難以與李詞比肩，
也無法共聶詞爭勝，便卻同樣以哀婉之音與愁苦之韻作爲主旋律：

　　　　昔聞生別離，不言死別離。

　　　　無論生與死，我獨身當之。

　　　　北風吹枯桑，日夜爲我悲。

　　　　上視蒼浪天，下無黃口兒。

> 人生不如死，父母泣相持。
>
> 黃鳥各東西，秋草亦參差。
>
> 予生何所爲？死亦何所辭？
>
> 白日有如此，我心徒自知。

詩中有強作通達處，「我獨身當之，」「死亦何所辭？」貌似慨然面對生離死別，不畏其摧徹中腸之苦；其實，這充其量只是一種避之不得而只好硬著頭皮承受的無可奈何的表白，並不那麼慨然、坦然與安然。細加尋味，「我獨身當之，」頗有天下別苦難獨集我一身之嘆，表面通脫，骨子裡卻哀婉到極點、愁苦到極點。如果不是這樣的話，又何至於緊接著便說「北風吹枯桑，日夜爲我悲」呢？連北風也爲之悲傷不已，作者自己的悲傷又該是何等的深切！

當然，哀婉之音與淒苦之韻，作爲別離樂章的主旋律並不是女性作家所享有的「專利」，它們也發自男性作家的歌喉，只是相形之下，男性作家偶而會來一點「變奏」，而女性作家則難得有「變奏」的興趣和熱情。可以說絕大多數的男性作家在絕大多數的場合都無意改變別離樂章的既定的主旋律，而順應生命的律動，讓感傷的潮水自然而然地漫出心堤，向筆底奔湧，向紙面傾瀉。唐宋時期的作品徵引已多，毋勞贅舉，就以金元以後的作品爲例略作說明吧！金代詞人李俊民《感皇恩》一詞這樣抒寫其離情別緒：

> 忍淚出門來，楊花如雪。悃悵天涯又離別。碧雲西畔，舉目亂山重疊。據鞍歸去也，情淒切。　　一日三秋，寸腸千結，敢向青天問明月，算應無恨，安用暫圓還缺。願人長似，月圓時節。

如果說流淚是感傷的表徵的話，那麼，「忍淚」則是對感傷的一

種強行的抑制了。但抑制感傷，這本身又是多麼令人傷感的事情啊！作者雖然勉強「忍淚」走出門來，但那雪片般漫天飛舞的揚花卻一下子攪起他的繚亂離愁，使他再也無法保留那一點可憐的矜持，而不得不發出「惆悵天涯又離別」的長吁。接著，「碧雲」彌望，「亂山」入目，更增其憂鬱與感傷。於是，作者覺得「惆悵」一詞猶難盡其情，便又用「淒切」一詞「踵其事而增華，變其本而加屬」，從而使作品的主旋律得到進一步的張揚。過片後復以「寸腸千結」極言別離之痛與乖隔之恨，情調益見哀婉。「敢向青天問明月」以下翻空故作一問，技法固屬「無理而妙」，情感卻仍歸於沉痛——恨問青天，實在是愁滿腔、恨盈懷而無法排解時的一種無奈舉動。如此措筆，讀來已覺愁苦不堪，但比此詞更為愁苦者又何止百千之數？試看元代朱庭玉的〔大石調〕《青杏子·送別》：

> 游宦又驅馳。意徘徊執手臨歧，欲留難戀應無計。昨宵好夢，今朝幽怨，何日歸期。
>
> 〔歸塞北〕腸斷處，取次作別離，五里短亭人上馬，一聲長嘆淚沾衣。回首各東西。
>
> 〔初問口〕萬疊雲山，千金煙水，音書縱有憑誰寄。恨縈牽，愁堆積，天天不管人憔悴。
>
> 〔怨別離〕感情風物正淒淒，晉山青汾水碧。誰返扁舟蘆花外，歸棹急，驚散鴛鴦相背飛。
>
> 〔擂鼓體〕一鞭行色苦相催，皆因些子，浮名薄利，萍梗飄流無定跡。好在陽關圖畫裡。
>
> 〔催拍子帶賺煞〕未飲離杯心如醉，須信道送君千里，怨怨哀哀，悽悽苦苦啼啼。唱道分破鴛釵，叮嚀囑付好將息，不枉了男兒墮志氣，消得英雄眼中淚。

曲中疊用了一系列帶有泛稱的感傷色彩的詞語。如「幽怨」、「腸斷」、「淚沾衣」、「恨縈牽」、「愁堆積」、「人憔悴」、「淒淒」、「苦相催」、「怨怨哀哀」、「悽悽苦苦啼啼」等等，這樣，作品的旋律自然悉由哀婉之音與愁苦之韻交匯而成。作者毫無掩飾自己的感傷之意，因為在他看來，因別離而黯然銷魂，本是天經地義的事情。「不枉了男兒墮志氣，消得英雄眼中淚，」這既是自寬自解，也是自怨自艾。顯然，「巾幗女子」固愛唱愁苦的離歌，「鬚眉男兒」也喜奏哀婉的別曲。應當指出的是，那些鬚眉男兒在表現別離主題時，為了不使情感受到節制，常常托為巾幗女子的口吻。每當這時，其發語措辭往往比巾幗女子自抒離愁別緒的作品還要哀婉淒苦。仍以元代散曲為例，王德信〔中呂〕《十二月過堯民歌・別情》有云：「怕黃昏忽地又黃昏，怕銷魂怎地不銷魂。新啼痕壓舊啼痕，斷腸人憶斷腸人。今春，香肌瘦幾分，摟帶寬三寸。」劉庭信〔南呂〕《一枝花・秋景怨別》有云：「淒涼境一遭兒擺布，相思陣十面埋伏。那些兒感起我這傷情處，亂紛紛殘花病菊，滴溜溜敗葉彫梧，疏剌剌風搖翠竹，淅零零雨灑荒蕪，意痴痴感嘆嗟吁，冷清清一弄兒蕭疏，怕的是枯荷缺處添黃，衰柳彫時減綠，丹楓老也塗朱。對對，付付，支吾過白日離愁去，淹的早碧天暮。驀的黃昏一聲鼓，好教我魂魄全無。」「愁來愁到無窮處，割不斷愁腸肚，撇下這病身軀，割捨了魂靈向夢裡尋他去。夢和魂休間阻，魂和夢都對付。天也與人一箇囫圇的做」「驚回殘夢添淒楚，無奈秋聲最狠毒，風聲憂，雨聲怒，角聲哀，鼓聲助，一聲聽，一聲數，一聲愁，一聲苦，投至的風聲寧、雨聲住、角聲絕、鼓聲足，又被這一聲鐘撞我一口長吁，則我這淚點兒更多如窗外雨。」如此這般的離歌別曲，真可以說是達到了哀婉、愁苦的極致。作為別離樂章的主旋律，

哀婉之音與愁苦之韻便這樣被一代又一代的別離文學作家所因襲、所張揚。

第二節 「無為在歧路，兒女共沾巾」
——別離樂章的變奏曲

　　誠然，如前所述，別離文學作品大多塗抹著感傷的色彩，彌漫著悲劇的氣氛。因此，有理由認為，哀婉之音與愁苦之韻是別離樂章的主旋律。但並不是所有的別離文學作品都一味作哀婉語、愁苦態。正如即使在烏雲布滿天空時，偶而也能看到一抹透過雲隙的陽光一樣，當我們傾耳聆聽那包孕萬有的別離樂章時，以淒厲的聲波持續不斷地撞擊著我們的耳膜的固然是由哀婉之音與愁苦之韻匯合成的主旋律，但間或也能捕捉到幾個高亢、昂揚的音符。如果將這些不連貫的音符組合起來，正好形成一支與主旋律相對立的變奏曲。換言之，極哀婉、愁苦之致的別離文學作品固然占壓倒優勢，但它卻掩蓋不了尚有另一些別離文學作品力圖以剛健語、曠達態沖破哀婉、愁苦的氛圍的事實。這後一種作品自然不多，唯其不多，才更顯得珍貴，也才更有縷述的必要，雖然這裡我們並不打算採用縷述的做法。

　　早在建安時期，曹植就曾經對別離樂章的主旋律進行過一次小小的變奏：在《贈白馬王彪》一詩中，他唱道：「丈夫志四海，萬里猶比鄰。恩愛苟不虧，在遠分日親。何必同衾幬，然後展殷勤？憂思成疾疢，無乃兒女仁」。這種情調與胸襟實在是前無古人、而後啓來者。但通觀全詩，卻還無足以廓清那沉悶而陰暗的情感氛圍，至多是給作品帶來了一點亮色而已。因為在「丈夫志四海」一句前作者既云：「心悲動我神，棄置莫復陳。」在「無

乃兒女仁」一句後，作者復云：「倉卒骨肉情，能不懷苦辛。」
這無疑都屬哀婉之音、愁苦之韻。而類似的哀婉之音與愁苦之韻
在作品其他段落中還有許多。這樣，「丈夫志四海」以下八句就
多少有些顯得突兀與空洞了。雖然如此，它們仍具有震聾發聵、
驚世駭俗的意義。

　　變奏曲的真正形成，是在唐代。初盛唐時期，由於國力強盛，
政治清明，海內承平，作家們氣度恢宏，胸膽開張，不萎靡也不
頹喪，不消沉也不迷惘。這種精神狀態最容易振奮作家們的志趣，
飛揚作家們的藻思，使他們情不自禁地萌生出「論功還欲請長纓」
的報國熱情和「豈學書生輩，窗前老一經」的生活理想。而在這
種報國熱情和生活理想的制導下，一方面他們也因別離而感傷，
不時讓哀婉之音和愁苦之韻從心弦飄逸至字裡行間；另一方面，
他們有時又故意一反傳統情調，將哀婉之音與愁苦之韻化為剛健
之聲與豪邁之語，以顯示自己不同凡俗的胸襟。於是，在別離樂
章中，就出現了一次又一次的變奏。就中，較早、也較烈的一次
變奏是王勃的《送杜少府之任蜀川》：

　　城闕輔三秦，風煙望五津。

　　與君離別意，同是宦游人。

　　海內存知己，天涯若比鄰。

　　無為在歧路，兒女共沾巾。

這是一首情調開朗、筆力雄健的送別詩。首聯點明送別之地和杜
少府即將宦遊之地，屬「工對」中的地名對，極壯闊。「風煙望
五津」，著一「望」字，不僅將遠隔千里的秦蜀兩地縮成一片，
而且將情與景融為一體。頷聯推進一層：你我同在宦海浮遊，分
手之際，我何嘗不同樣黯然！這樣，既烘托了知己之感，又點明
客中送客尤為難堪。的確，客中送客，往往令人傷感更甚，有道

是「客中送客難為別」（宋‧眞山民《客中逢鄉友》）。同樣寫客中送客，前人與後人的許多作品都哀極凄絕，如隋人劉夢予《送別秦王學士江益》云：「百年風月意，一旦死生分。客中還送客，悲我復悲君。」宋人趙彥端《點絳唇‧途中逢管倅》云：「我是行人，更送行人去。愁無據。寒蟬鳴處，回首斜陽暮。」因此，作者這裡也不免流露出些微的感傷。但頸聯情調陡轉，作者奮力將離愁別恨一筆宕開，試圖用壯別天涯的慷慨情懷喚起即將孤身奔赴蜀地的杜少府的樂觀情緒。其構思當受到曹植《贈白馬王彪》中「丈夫志四海，萬里猶比鄰，恩愛苟不虧，在遠分日親」諸句的啟發，但措辭卻更為洗煉、蘊藉、從容。尾聯以勸慰杜少府作結：不要在臨歧分別時像一般小兒女那樣淚灑羅巾。這是知己間的共勉，自不同於無關痛癢的寬解與同情。在流行兒女筆墨的初唐詩中，這首詩能一洗「黯然銷魂」的悲酸之態和哀婉之音，稱得上是獨標高格。它曾經被後代的許多詩人所化用。如張九齡《送李少府》中的「相知無遠近，萬里尚為鄰」顯係化用其頸聯；高適《別韋參軍》中的「丈夫不作兒女別，臨歧涕淚沾衣巾」，則是化用其尾聯。

如果說在初唐時期除了王勃的這首《送杜少府之任蜀川》和陳子昂的《送魏大從軍》以外，其他著意變奏的別離文學作品還難得覓見的話，那麼，到盛唐時期，著意變奏的作品雖非連篇累牘，卻也屢見不鮮了。如王昌齡的《送柴侍御》、高適的《別董大二首》其一：

> 流水通波接武岡，送君不覺有離傷。
>
> 青山一道同雲雨，明月何曾是兩鄉。
>
> ——《送柴侍御》

> 千里黃雲白日曛，北風吹雁雪紛紛。

莫愁前路無知己，天下何人不識君。

——《別董大二首》其一

在這兩篇作品中，別離已失去了其黯然銷魂的況味。王詩自稱「送君不覺有離傷，」這固然是爲了安慰友人而故意如是說，但若無過人的胸襟與氣度，又如何道得出口？詩的首句以「流水」「通波」蟬聯而下，已給人道無險阻、一路暢通之感；一個「接」字引出友人所去的地點「武岡」，更使人覺得兩地毗鄰、略無間隔。「送君不覺有離傷」一句於此後推出，極爲自然。三、四句進一步申述其意：雖然身居兩地，但雲雨同沐，明月共睹，又何必傷離怨別呢？如果說首句意在「化遠爲近」的話，這兩句則旨在「合二爲一」。在「明月何曾是兩鄉」的奇思妙想中，蘊含著的是人分兩地、情同一心的深厚友誼。高詩前兩句所描寫的別景雖然十分蒼涼，但後兩句所抒發的別情卻極其豪爽。「莫愁前路無知己，天下何人不識君」，於慰藉中充滿信心與力量，足以爲志士增色，爲遊子拭淚。再如李頎的《送陳章甫》：

四月南風大麥黃，棗花未落桐葉長。

青山朝別暮還見，嘶馬出門思舊鄉。

陳侯立身何坦蕩，虬鬚虎眉仍大顙。

腹中貯書一萬卷，不肯低頭在草莽。

東門酤酒飲我曹，心輕萬事如鴻毛。

醉臥不知白日暮，有時空望孤雲高。

長河浪頭連天黑，津口停舟度不得。

鄭國游人未及家，洛陽行子空嘆息。

聞道故林相識多，罷官昨日今如何？

詩中稱陳氏爲「鄭國遊人」，而以「洛陽行子」自稱，可知亦屬客中送別，但通篇既不爲仕途失意而發苦語，也不因別離在即而

作愁態。雖然詩中也有一兩聲嘆息，卻極其輕微，遠不足形成哀婉的旋律。作者將主要筆墨用以顯示雙方共有的曠達情懷和清高自重的思想性格，其立意及取徑與一般的送別詩迥然不同。

對功業的熱切向往和強烈自信，常常使盛唐詩人的離愁別恨得到稀釋，甚至得到消融。當他們送別從戎邊塞的友人時，總是情辭慷慨，高唱入雲。以岑參而言，他寫於塞外的那些以別離爲題材的作品，大多不言離情別緒，而慨然以功業相勉。如《輪台歌奉送封大夫出師西征》云：「亞相勤王甘苦辛，誓將報主靜邊塵，古來青史誰不見，今見功名勝古人。」《送李副使赴磧西官軍》云：「脫靴暫入酒家壚，送君萬里西擊胡。功名祇向馬上取，眞是英雄一丈夫。」《走馬川行奉送出師西征》云：「料知短兵不敢接，車師西門佇獻捷。」這正是典型的「盛唐氣象」的反映。送別友人時如此，當他們自己辭別親人，入京或出塞謀取功名時，發爲歌詩，更是豪情滿懷。如李白的《南陵別兒童入京》：「白酒新熟山中歸，黃雞啄黍秋正肥。呼童烹雞酌白酒，兒女嬉笑牽人衣。高歌取醉欲自慰，起舞落日弄光輝。遊說萬乘苦不早，著鞭跨馬涉遠道。會稽愚婦輕買臣，余亦辭家西入秦。仰天大笑出門去，我輩豈是蓬蒿人。」但見意氣風發，神采飛揚，哪裡有半點憂鬱、一絲感傷？別離樂章的主旋律在這裡已被淡化得悄無聲息。

中晚唐時期，積衰動亂的國家局勢賦予作家們有異於盛唐的抒情基調。清人葉燮認爲，這時除韓愈、柳宗元、劉禹錫、李賀、杜牧、陸龜蒙等少數作家能「特立興起」而外，「其他弱者，則因循世遠，隨乎波流，不能振拔。」他們懷著不能用世的惆悵，帶著無可奈何的哀婉，再也發不出在強盛國力的鼓舞下顯得分外高昂、爽朗的盛唐之音。他們詩中固然也有輔時濟世、澄清天下

的豪情，但這種豪情往往與國勢衰頹，危機隱伏的憂思交織在一起，而失去了其鼓舞和振奮人心的力量。處在這種時代氛圍中，作家們譜寫別離樂章時，變奏的熱情大減，而多依循其固有的旋律，發爲哀婉之音和愁苦之韻。這是主要的方面。另一方面變奏曲卻也並沒有成爲絕響——總有不甘隨俗俯仰的「特立興起」者在。請看劉長卿的《送靈澈上人》和陸龜蒙的《別離》：

> 蒼蒼竹林寺，杳杳鐘聲晚。
> 荷笠帶夕陽，青山獨歸遠。
>
> ——《送靈澈上人》
>
> 丈夫非無淚，不灑別離間。
> 杖劍對尊酒，恥爲遊子顏。
> 蝮蛇一螫手，壯士即解腕。
> 所志在功名，離別何足嘆。
>
> ——《別離》

兩詩一閑淡，一雄豪，都屬別調。說得具體些，前詩以閑淡之境取勝：目送友人在夕陽下鐘聲裡獨歸青山，其身影已遠，而猶佇立悵望，這自然表現了作者對友人的繾綣深情，但他並沒有寫自己因別離而黯然神傷，從中觸摸到的是一種不遇而閑適、失意而淡泊的情懷。後詩則以雄豪之氣見長：開篇說縱有眼淚也不爲別離而灑，下筆何等剛健，發語何等高亢！而「杖劍」飲酒，更給人一種「劃然變軒昂，勇士赴戰場」的壯烈感。既然以丈夫自許，以壯士自命，臨別前，恥作苦顏愁態，也就是情理中事。「蝮蛇」二句用譬喻說明事理，雖說是議論，卻「帶情韻以行。」蝮蛇螫手後，壯士不惜解腕以去患除毒，這種爲達目的而不畏犧牲、不恤代價的精神是作者深爲推崇的。明乎此，篇末「所志在功名，離別何足嘆」的鏗鏘之辭就毫無費解之處了：爲了實現建功立業

的雄心壯志，連「解腕」都在所不惜，別離又算得了什麼呢？雄豪一至於此，亦足以「令人驚絕」了。

　　兩宋時期，詞有豪放、婉約之分，別離樂章的變奏曲自然多為豪放派作者所樂於彈唱。但也不盡然。被譽為「婉約之宗」的秦觀便也作過變奏的嘗試，而且其嘗試非常成功：

> 纖雲弄巧，飛星傳恨，銀漢迢迢暗度。金風玉露一相逢，便勝卻人間無數。
>
> 柔情似水，佳期如夢，忍顧鵲橋歸路。兩情若是久長時，又豈在朝朝暮暮！

　　宋詞大多調與題兩不相涉：調，代表音樂；題，概括詞意。這首詞是現存的為數不多的調與題統合為一的作品：《鵲橋仙》原是為歌詠牛郎織女的愛情故事而創作的樂曲，這首詞所要表現的內容恰相彷彿。牛郎織女故事是我國古代人民根據天象所創造的傳說——織女星與牽牛星，一在銀河之北，一在銀河之南；農曆七月，兩星相距最近。於是，經過富有想像力的古代勞動人民的集體加工，便產生了牛郎織女每年七月七日相會於鵲橋的動人故事。借牛郎織女的故事，以超人間的方式來表現人間的悲歡離合，古已有之，如《古詩十九首》中的「迢迢牽牛星，」曹丕的《燕歌行》和李商隱的《辛未七夕》等等。但都跳不出「盈盈一水間，脈脈不得語」的窠臼，格調哀婉，情感淒楚。宋人也喜吟詠這一題材。歐陽修《漁家傲》云：「一別經年今始見，新歡往恨知何限？天上佳期貪眷戀，良宵短，人間不合催銀箭。」柳永《二郎神》亦云：「願天上人間，占得歡娛，年年今夜。」蘇軾《菩薩蠻》則云：「相逢雖草草，長共天難老。終不羨人間，人間日似年。」雖然遣詞造句各異，卻都因襲了前人別多會少、歡娛苦短的主題。相形之下，秦觀這首詞堪稱獨出機杼，立意高遠。

因而千百年來傳誦不衰。詞的上片寫聚會。「纖雲弄巧，飛星傳恨」二句以空靈之筆，爲牛郎織女每年一度的聚會渲染環境氣氛。「纖雲弄巧」，是說纖細的雲彩在天幕上變幻出各種精緻的圖形，彷彿在向世人炫示和賣弄它的高超技巧。著一「弄」字，既化靜爲動，又以虛襯實，境界全出。而「弄巧」的「巧」字，則使人聯想到現實生活中的情景。七夕又名乞巧節。這一天，人間的女子都要陳設瓜果，向織女乞巧，懇求她賜給她們織錦的絕技。因而一個「巧」字，也寫出了人間的女子仰觀星象時的欣羨心情，將天上人間縮合起來！「飛星」即流星。在作者看來，這飛星如此行色匆匆，一定是負有傳遞某種信息的使命。而今夕乃牛郎織女聚會之時，那麼，飛星所傳遞的無疑是牛郎織女的別離之恨。這兩句以擬人之筆，狀特定之景，用墨經濟，筆觸輕盈。「銀漢迢迢暗度」一句寫牛郎織女渡河赴會，推進情節。「暗度」，指牛郎織女在世人不知不覺中悄然渡過天河。「迢迢」，不僅是形容有形的天河之闊遠，而且也是形容無形的相思之悠長。「金風玉露一相逢，便勝卻人間無數」二句由敘述轉入議論。「金風玉露」即秋風白露，兼示時間和環境。古人常以「金風玉露」一並入詩，如唐太宗《秋日》：「菊散金風起，荷疏玉露圓。」李商隱《辛未七夕》：「由來碧落銀河畔，可要金風玉露時。」這兩句表達作者自己對別離的看法：他們雖然難得見面，卻心心相印，息息相通，而一旦得以歡聚，在那清涼的秋風白露下，他們對訴衷腸，互吐心音，此情此趣豈是塵世間那些同床異夢、貌合神離的夫妻所能企及？詞的下片寫別離。「柔情似水，佳期如夢，忍顧鵲橋歸路」三句先宕開一筆，寫牛郎織女臨別前的難分難捨。「柔情似水」，就眼前取景，形容牛郎織女纏綿此情，猶如天河中的悠悠流水，難以挽斷。「佳期如夢」既點出了歡會的短暫，

也眞實地揭示了他們久別重逢後那種如夢似幻的心境。「忍顧鵲
橋歸路，」寫牛郎織女的依戀和悵惘。感情如此深摯，歡會這般
短暫，別離卻那樣漫長，他們怎能不眷眷然不忍離去？不說「忍
踏」，而說「忍顧」，意思更爲深曲：看猶未忍，遑論其它？然
而，天意難違，別離終不可免。於是，作者便掉轉筆鋒，對他們
致以深情的慰勉：「兩情若是久長時，又豈在朝朝暮暮。」是啊，
只要對愛情忠貞不渝，那又何必貪求卿卿我我的朝歡暮樂呢？當
你獨處逆境時，想到在那海角天涯，有一顆堅貞的心始終以同樣
的頻率伴隨自己的心跳動時，這不也是一種幸福嗎？這兩句使全
詞得到淨化與昇華，意蘊極深，境界極高。統觀全詞，作者否定
的是朝歡暮樂的庸俗生活，歌頌的是天長地久的忠貞愛情。在他
的精心提煉和巧妙構思下，古老的題材化爲詞中閃光的筆墨，迸
發出耀眼的思想火花。既照亮了作者那顆坦蕩、眞摯的愛心，也
使所有平庸的傷離怨別之作黯然失色。

　　這是宋詞中的例子。再看宋詩中的例子：

　　　江湖我再爲遷客，道路君猶困旅人。
　　　老驥骨奇心尚壯，青松歲久色愈新。
　　　　　　　　　　　　──歐陽修《送張生》
　　　花光濃爛柳輕明，酌酒花前送我行。
　　　我亦且如常日醉，莫教弦管作離聲。
　　　　　　　　　　　　──歐陽修《別滁》

宋詩的議論化傾向有助於化哀婉爲雄健，化愁苦爲峭勁。許多以
議論結篇的別離詩，都可以納入變奏曲的範圍。其中，當然應該
包括以上引錄的兩首歐詩。其中的第一首，別離的雙方，一爲轉
徙於江湖的「遷客」，一爲「困頓」於道路的「旅人」，屬於最
易產生離愁別恨的那種類型。但作者卻偏偏不讓離愁別恨流溢於

筆端，而以飽含哲理的議論，表達了自己處逆境而不折錚錚鐵骨、入老境而無改耿耿壯心的堅定信念。後詩落筆輕快自然，亦不過多地渲染離情別緒。首句已定下舒坦開朗的基調，以後各句便都承此基調衍出，同時又使這一基調得到加強。「我亦且如常日醉」，既點出作者此時開懷暢飲的神情意態，又令人想見作者平日與民同樂時觥籌交錯、相得甚歡的情景。末句叮囑樂師不要演奏淒涼的送別曲，以免敗興。語本唐代張謂《送盧舉使河源》中的「長路關山何日盡，滿堂絲竹為君愁，」而一反其意，正體現了作者卓犖不凡的胸襟。他如梅堯臣《醉中留別永叔、子履》有云：「但願音塵寄鳥翼，慎勿卻效兒女悲」；張泳《與進士宋嚴話別》有云：「我輩本無流俗態，不教離恨上眉多」；辛棄疾《送湖南部曲》有云：「萬里雲霄送君去，不妨風雨敲吾廬」，也都意興豪邁，情辭激昂，力摒哀婉之音與愁苦之韻，而匯入變奏曲的行列。

　　在宋代別離詩詞，尤其是宋末別離詩詞中，另有「悲壯」一格，即雖也有悲涼之語、沉鬱之句，卻不掩剛勁之骨、雄壯之氣。文天祥的「從今別卻江南路，化作杜鵑啼血歸」（《金陵驛二首》其一）是其中最突出的例子。另如：

> 雪中松柏愈青青，扶植綱常在此行。
> 天下豈無龔勝潔，人間不獨伯夷清。
> 義高便覺生堪舍，禮重方知死甚輕。
> 南八男兒終不屈，皇天上帝眼分明。
>
> 　　　　——謝枋得《北行別人》
>
> 皇天久矣眼垂青，盼盼先生此一行。
> 遺表不隨諸葛死，離騷長伴屈原清。
> 兩生無補秦興慶，一出仍關魯重輕。

白骨青山如得所，何須兒女哭清明。

　　　　　　──王奕《送謝疊山先生北行》

「謝疊山」，即謝枋得，爲南宋遺民。他屢次拒絕元世祖的徵召，表現出寧折不彎的民族氣節。至元二十五年（1288），地方官強迫他北上，他即日食果菜，以示必死。次年抵大都，居憫忠寺，見壁上有《曹娥碑》，愴然泣曰：「小女子猶爾，吾豈不汝若哉！」遂不食而死。他是南宋死義的最後一人，與文天祥前後輝映。《北行別人》一詩便寫於他被迫北上前夕。當時，許多志士仁人都步其詩韻爲之送別，王奕是其中的一位。可知兩詩乃一唱一酬。前詩凜然正氣溢於言表。起筆即以「雪中松柏」自喻節操，聲明自己此去意在扶植綱常，早已將個人生死置之度外，接著又以龔勝、伯夷這兩位歷史上的忠臣義士自況，大有天下英烈捨我其誰之慨。然後托出自己捨生取義的生死觀，「生堪舍」、「死甚輕」云云，聲振林木，響遏行雲。篇末復以唐代不屈於安史叛軍的南霽雲自比，宣告自己將以身殉節。「皇天上帝眼分明，」既是說南霽雲的氣節皇天可鑒，也是說自己的忠心對天可表。死別之際，卻沒有「生人作死別，恨恨那可論」的怨嗟之聲，有的只是「威武不能屈」的凜然氣概，這怎能不給人悲壯之感？後詩亦作金石之聲，一方面期望謝氏以諸葛亮和屈原爲楷模，讓高風亮節長存天壤。另一方面又勉勵謝氏寧殺身以成仁，勿求生以傷義。「白骨青山如得所，何須兒女哭清明。」在作者看來，青山處處埋忠骨，只要死得其所，自可永垂不朽，又何須歸葬故土，贏得子孫後代清明祭掃時的哭聲呢？如此詠別，確是壯懷激烈。再如鄧剡的《酹江月‧驛中言別》：「水天空闊，恨東風不借世間英物，蜀鳥吳花殘照里，忍見荒城頹壁！銅雀春情，金人秋淚，此恨憑誰雪？堂堂劍氣，斗牛空認豪傑。　　那信江海餘生，南行萬里，

屬扁舟齊發。正爲鷗盟留醉眼,細看濤生雲滅。睨柱吞嬴,回旗走懿,千古衝冠髮。伴人無寐,秦淮應是明月。」詞爲送別文天祥而作。鄧、文有同鄉之誼,又一起興兵抗元,先後被俘。幾經輾轉,終得在金陵驛訣別。訣別之際,彼此論心恨晚,既以道義相期勉,復以氣節相砥礪。這些,都鮮明地表現在詞中。全詞痛惜英雄失敗,深悲國家覆亡,並傾吐了自己與友人所共有的義不帝元的浩然正氣,雖有抒寫離愁別恨的筆墨,卻爲熾烈如火的愛國主義激情所消融,其情景之悲壯,恰與易水之別相彷彿。

元明清時期,仍不時有「以氣質自高」的作家爲別離樂章的變奏曲增添新的音符,這裡我想重點評析元代劉鉉的《蝶戀花·送春》:

> 人自憐春春未去,萱草石榴,也解留春住。只道送春無送
> 處,山花落得紅成路。　　高處鶯啼低蝶舞,何況日長,
> 燕子能言語。付與光陰相客主,晴雲又卷西邊雨。

雖以「送春」爲題,卻沒有送春詞中司空見慣的感傷、哀怨之語。詞的上片以「憐春」、「留春」起筆,而歸結於「送春」。首句「人自憐春春未去」,一反人有情、春無義的傳統筆法,說人固憐春,而春亦善解人意,眷眷然不忍離去,這就寫出了人與春之間的相互依戀,將人這一方面的「單相思」,化成一種彼此都難以解脫、也不想解脫的情緣。這與劉禹錫《憶江南》詞命意相似。「萱草石榴,也解留春住」二句移筆於草木,將「憐春」之情、「留春」之意又向深處推進一層。一旦春去,「萱草石榴」便都無法避免衰謝、凋零的命運,因而,即使僅僅以其自身利益爲出發點,它們也會希望春天長駐人間。這本不難理解。問題是,草木原無靈性。這樣,作者如此措筆,就不是客觀寫實,而是將自己的主觀情感投射於外物了。這便是王國維在《人間詞話》中所

津津樂道的「以我觀物，故物皆著我之色彩。」看得出，這兩句妙在以擬人化的筆墨化無知爲有知、變無情爲有情，從而在更深一層的意義上揭示了世人（包括作者）留春的願望：草木尙解「留春」，何況作爲萬物靈長的人呢？「只道送春無送處，山花落得紅成路」二句始落筆於題意。作者由「憐春」而「留春」，最後自知「留春」不得，只好轉而「送春。」按理，自「留春」到「送春」，作者應當經歷了一次感情上的痛苦轉折。但這裡，作者卻將這一轉折過程盡皆隱去，只字不及因無計留春而產生的憂傷。這當是爲了掙脫俗套，與庸常的作法區別開來。正是出於同樣的目的，正面表現「送春」時，作者也力避哀婉、蒼涼之筆，故作開朗、達觀之辭。既然春之將歸，並非出於它的一己之願，而是迫不得己──春夏代序，四季更替，本是任誰也不可逆轉的自然規律；那麼，當春將歸未歸之時，就隆重地爲它舉行一次送別儀式，以盡情義、以全禮節吧；可是，春乃無形之物，來無蹤影，去無痕跡，因此，在作者想來，縱有送春之心，只怕也無送春之處。但轉念一想，那紛紛凋落的「山花」將紅艷艷的花瓣鋪滿了道路，不正是「春歸」的必由之徑、從而也成爲「送春」的最佳場所嗎？這些，都是「只道」二句所包蘊的內容。落英繽紛，飛紅遍地，原是春將歸的表征，作者便由此生發出句中的奇思妙想。後代詞論家對這兩句極爲稱賞。況周頤《蕙風詞話》評云：「信手拈來，自成妙諦，以『松秀』二學評之宜。」誠然如此。

下片先渲染送春的情景：「高處鶯啼低蝶舞，何況日長，燕子能言語。」這同樣是運用「移情」手法，賦物態予人情。送春，在作者的懸想中，該有怎樣一番熱烈而又激動人心的場面啊！於是，構成他筆下的送春隊伍的，不只是憐春復留春的世人以及曾經受到春光沐浴、春雨滋潤的「萱草石榴」之類的草木，而且還

有黃鶯、彩蝶、燕子等熟諳人性、深通人情的生靈。這就使送春的隊伍變得更加壯大，送春的場面也變得更加活躍。不是嗎？黃鶯在「高處」忘情地巧囀，彷彿用其全部身心演唱著一首娓娓動聽的送春曲；與之相呼應，彩蝶則在「低處」伴隨著巧囀聲聲蹁躚起舞，用舞蹈語言表達同一個主題、抒寫同一種心聲；而燕子也不甘示弱，一改以往的呢喃私語，高聲向春天致歡送之辭，那顧盼自若的神態和情懇意切的話語，再清楚不過地表明只有它能勝任致辭的使命。顯而易見，幸虧有了這三個「活寶」，原先有可能「淒淒慘慘戚戚」的送春場面，才一掃沉悶、悲涼的氣氛，平添出歡快的節奏和喜慶的色彩。而這，正是不願蹈常襲故的作者所刻意追求的藝術效果。「付與光陰相客主」一句是對上文所描繪的送春情景的議論性總括。「相客主」，猶互為客主，即送客之際誰為主，誰為客，任其自便，無須細較。之所以這樣說，是因為黃鶯、燕子等作為春天的使者，一向與春俱來，又偕春俱去。這樣，在人們的心目中，歷來將它們看作春天的一部分。白居易《錢塘湖春行》一詩有云：「幾處早鶯爭暖樹，誰家新燕啄春泥。」正是將黃鶯、燕子視為春天的代表性景物。因此，在這送春的盛典上，它們究竟應當居於「主位」還是「客席」，實在是個說不清、道不明的問題。而它們自己卻儼然以主人自居，毫不在乎理應如此這般的主客關係。所謂「相客主」，即指此而言。加上這一筆，擬人化的意味便愈加濃厚，同時還別具一種諧趣。結句「晴雲又卷西邊雨」忽然又轉入自然景物的描寫。初看，似與前文相游離；細思，則正與前文相關合。劉禹錫《竹枝詞》有句：「東邊日出西邊雨，道是無晴還有晴。」其中，「晴」字乃諧音雙關語，「有晴」亦即「有情」。」而這裡，「晴雲又卷西邊雨」，顯係由劉詩脫化而來。它意在暗示值此送春之際，無情的

草木花鳥，也皆成有情之物，因此實不失爲全詞的點睛之筆。而其筆法，非但含蓄，且亦空靈，須尋繹再三，才能悟其妙諦。南宋女詞人朱淑眞亦有《蝶戀花·送春》詞。詞云：「樓外垂楊千萬縷，欲繫青春，少住春還去。猶自風前飄柳絮，隨春且看歸何處？綠滿山川聞杜宇，便作無情，莫也愁人苦。把酒問春春不語，黃昏卻下瀟湘雨。」格調顯然比劉詞要淒婉得多、悲涼得多。唯其如此，劉詞在所有描寫辭別春天情景的作品中才更顯得卓犖不凡。

值得一提的是，元明清時期還有一些著意變奏的別離文學作品出自女性作家的手筆。如明代屈安人的《送夫入覲》：「君往燕山去，棄妾雒水旁。雒水向東流，妾魂隨飛揚。丈夫輕離別，所志在四方。努力事明主，肯爲兒女傷！君有雙老親，垂白坐高堂。晨昏妾定省，喜懼君自量。珍重復珍重，叮嚀須記將。既爲遠別去，飲余手中觴。莫辭手中觴，爲君整行裝。陽光歌欲斷，柳條絲更長。」不言離愁別恨，但以功業相勉，情懷自非世俗男女可比。可惜藝術上較爲粗劣。相形之下，晚清秋瑾的《望海潮·送陳彥安孫多琨二姊回國》雖稱不上情辭兼勝、意文雙美，卻要耐讀得多：「惜別多思，傷時有淚，內紐外侮交訌。世局堪驚，前車可懼，同胞何事懵懵。感此獨心忡。羨中流先我，破浪乘風，半月比肩，一時分手嘆匆匆。　　從今勞燕西東，算此行歸國，立起疲癃。智欲萌芽，權猶未復，期君力挽頹風，化痼學應隆。仗粲花蓮舌，啓瞶振聾。喚起大千姊妹，一聽五更鐘。」作者自號鑒湖女俠，「平生忼爽明決，意氣自雄，」所爲詩文，亦「奇警雄健如其人」（徐自華《鑒湖女俠秋君墓表》）。此詞中固有匆匆分手之嘆，但主要筆墨卻用於抒寫喚醒民眾、振興中華的理想。「期君力挽頹風」，這是何等剛健的臨別贈言！不徒俯視巾

幗，直欲壓倒鬚眉。

　　從美學意義上說，別離樂章那哀婉、愁苦的主旋律似乎屬於陰柔之美，雄健、昂揚的變奏曲則似乎屬於陽剛之美。它們表現爲不同的審美類型，都能產生強烈而持久的美感效應，因而無須我們揚此抑彼。但從因革體變的角度看，依循前者，不過是因襲傳統，而選擇後者，則是對傳統的一種有意識的反動，而多少具有革新的意義了。因此，選擇後者似乎比依循前者更爲不易。這中間起決定作用的是作家們的心理機制，當然，探究這種心理機制是一項極其複雜的工作。其複雜性在於：同一位作家往往既依循前者，又選擇後者，即他的有些作品屬於哀婉、愁苦的主旋律，有些作品又屬於剛健、昂揚的變奏曲。以王勃而言，便既有剛健、昂揚如《送杜少府之任蜀川》者，也有哀婉、愁苦如《別薛華》者：「送送多窮路，遑遑獨問津，悲涼千里道，凄斷百年身。心事同漂泊，生涯共苦辛。無論去與往，俱是夢中人。」如何解釋這一現象？難免人言言殊。不過，有一點也許是人們都能認可的：就某一個別離文學作家而論，正是對主旋律與變奏曲的「雙向選擇」（或曰「雙向依循」）使他們避免了創作風格的單調；就整個別離樂章而論，也正是對主旋律與變奏曲的兼收並蓄，才使它變得五音繁會，無比輝煌！

第五章　包蘊在別離主題中的生命與藝術奧秘

第一節　生命意識：別離主題的淵藪

　　我們已經一起考察了君臣之別、情侶之別、友朋之別、骨肉之別等形形式式的別離場面，掃瞄了別離文學由濫觴到成熟、由成熟到繁盛、由繁盛到嬗變的發展軌跡，透視了「柳」、「水」、「酒」、「月」、「淚」、「草」、「雲」等別離主題賴以生發的意象，辨析了別離樂章那哀婉、愁苦的主旋律和剛健、昂揚的變奏曲。雖然我們的考察或許過於浮淺，我們的掃瞄難免失之粗疏，我們的透視可能止於淺表，我們的辨析也未免稍嫌簡略，但借助這種難以盡如人意的考察、掃瞄、透視與辨析，至少我們已經切入別離這一光怪陸離的生命現象、潛入別離文學這一異彩紛呈的藝術世界。在這一基礎上，我們可以進而探討包蘊在別離主題中的生命與藝術奧秘了。

　　也許沒有誰會否認，別離不僅是一種生活現象，而且也是一種生命現象。從本質上說，別離主題的最直接的源頭便是生命意識。這也就是說，對別離主題的因襲也好，反撥也好，實際上都離不開生命意識的制導。只有從生命意識出發，才能解釋別離何以能給人們的心靈帶來如此深巨的創痛，也才能解釋表現別離主題的文學作品何以能「感人也深，移人也遠」，以至長盛不衰、馨香永播。因此，將生命意識視爲別離主題的淵藪，在我看來，並無牽強之處。

　　道理其實十分簡單：如果沒有意識到生命的可貴與短暫，作家們又如何會產生種種離愁別恨，甚至因別離而痛不欲生呢？人，作爲最高級的靈長動物，它區別於其它動物的一個重要特徵便是「能清楚地知曉自己必定死亡」（見卡爾・薩根《伊甸園的飛龍》中譯本73頁）。擁有這樣的意識，既是人類的幸福與歡樂，更是人類的痛苦與悲哀：知曉自己必定死亡，意味著同時也就明白了生命有限這一事實；既然生命有限，人們總是希望在短暫的生命旅途中能多一些圓滿、少一些缺憾，即更充分地享受生命的樂趣。而別離帶給人們的有限的生命的恰恰不是圓滿，而是缺憾；這種缺憾在注重人倫孝親關係的封建宗法社會中又顯得尤爲深長。因此，對別離的感傷，說到底，是對生命中的缺憾的感傷。「月有陰晴圓缺，人有悲歡離合，此事古難全。」蘇軾的這段話之所以被人們奉爲名言，除了比喻本身的貼切、精巧外，便在於它是把別離當作一種亘古長有的生命中的缺憾來進行藝術概括的。

　　通常把建安時代稱作文學的自覺時代。如果這一論斷可以成立的話，那麼，東漢時代則可稱作生命的自覺時代。所謂生命的自覺，意味著人們已經開始對生命本身進行反思，不僅本能地感受到，而且理智地體認到生命中的缺憾。這種生命的自覺，一方面使人們產生苦悶與憂患，另一方面也使人們於無奈、無望中萌發出種種彌補缺憾的衝動與幻想。這在《古詩十九首》中得到了充分的反映。「人生寄一世，奄忽若飆塵」、「人生非金石，豈能長壽考」、「人生忽如寄，壽無金石固」，「人生天地間，忽如遠行客」，「生年不滿百，常懷千歲憂。」諸如此類的嘆惋，並不是來自某一具體的生活事件，也不僅僅是來自東漢末年那黑暗、動盪的社會現實，準確地說，它是一批高度敏感的無名詩人在生命意識徹底覺醒後產生的對生命本身的苦悶與憂患，應當主

要來自對整個生命現象的宏觀考察與反思。懷著這種苦悶與憂患，他們努力尋找擺脫苦悶與憂患的途徑和方法，而在當時，低沉、闇弱的時代情緒不可能使這一顆顆壓抑的心靈渴望在有限的生命中建立不朽的功業，使無限與有限得到統一，像後代的建安詩人在作品中所抒寫的那樣（當然，他們也曾發出過一兩聲「何不策高足，先據要路津」的呼號，但卻是那樣微弱無力）。於是，他們便幹起了兩件今天看來十分消極的事：一是服食求仙，以增加生命的長度；二是及時行樂，以增加生命的密度。但他們中的許多人很快便意識到，「服食求神仙，多為藥所誤」，「仙人王子喬，難可與同期。」更實際的事還是及時行樂。處在那樣一個病態的社會中，又帶著這樣一種亟欲彌補生命缺憾的病態心理，他們便在作品中反復訴說及時行樂的意願：「不如飲美酒，被服紈與素」，「斗酒相娛樂，聊厚不為薄」，「晝短苦夜長，何不秉燭遊？為樂當及時，何能待來茲。」這當然並不可取，但不能輕率地、簡單地斥之為「剝削階級的腐朽沒落情緒」，它不僅折射出一種世紀末的心態，而且反映了生命的自覺時代所不可避免的躁動。

　　既然生命的短暫，已經使人們深感苦悶和憂患，在短暫的生命中，再經受別離的痛苦，當然不是生命意識業已徹底覺醒的東漢無名詩人所希望的。豈止是不希望？簡直憤恨之極。於是，他們在傾訴及時行樂的意願的同時，也一再抒寫離愁別恨：「同心而離居，憂傷以終老。」「此物何足貢？但感別經時。」「行行重行行，與君生別離。」「思君令人老，軒車來何遲。」「客行雖云樂，不如早旋歸。出門獨彷徨，愁思當告誰。引領還入房，淚下沾裳衣。」「客從遠方來，遺我一書札。上言長相思，下言久離別。置書懷袖中，三歲字不滅。一心抱區區，懼君不識察。」

不難看出，別離是怎樣使得他們黯然神傷啊！別離文學之所以在東漢時代趨於成熟，一個重要原因正在於這是一個生命的自覺時代。換言之，正是生命的自覺，帶來了別離文學作品的大量湧現。從這一角度來考察，生命意識不正是別離主題的淵藪嗎？

　　縱覽東漢以還的別離文學作品，可以清楚地看出生命意識如何在冥冥中制導著作家們對別離主題的表現。作家們傷離恨別，是因爲別離損害了他們的生命機制，加速了他們的短暫的生命旅途的終結。不是嗎，宋代張耒《送楊念三監簿侍行赴鄂渚》有云：「莫辭送別青春滿，會是相逢白髮生」，辛棄疾《鷓鴣天》有云：「若教眼底無離恨，不信人間有白頭。」「白髮」、「白頭」，無疑是衰老的標誌，而它們正是別離所造成的結果。這意味著，在作家們看來，是別離使他們的生命過早地趨於衰老。當然，有時他們並不直接說出這一點，而托物寄意，以求婉曲之致。如隋代釋智才《送別》即云：「鏡中辭舊識，灞岸別新知。年來木應老，祇爲數經離。」唯因把別離看作一種生命現象，他們深信離愁別恨所在皆有，概莫能免。如唐代孟郊《古離別》云：「山川古今路，縱橫無斷絕。來往天地間，人皆有離別。」甚至他們以爲連天上的神仙世界也不能與離愁絕緣。如清代吳綃《七夕》云：「莫謂人間多別恨，便疑天上有離愁。」他們認爲命有窮通之分，窮者的離愁往往更爲深刻。如孟齊《答韓愈李觀別因獻張徐州》云：「富別愁在顏，貧別愁銷骨。」他們明知離愁不可免，卻又不甘任其擾亂生命的程序，於是便生出種種奇特的幻想。如唐代杜牧《贈別》云：「門外若無南北路，人間應免別離愁。」當他們痛苦地意識到幻想終究是幻想，難以變成現實時，山山水水便都成爲其離愁別恨的觸媒與載體，使他們時時處處感到生命中的缺憾。如唐代羅隱《魏城逢故人》云：「山牽別恨和腸斷，水帶

離聲入夢流，」宋代謝逸《柳梢青》云：「無限離情，無窮江水，無邊山色。」有時，他們覺得自己的離愁別恨比山還重，比水還長。如宋代石孝友《更漏子》云：「離愁別恨重於山，不信馬兒馱得動。」唐代李白《金陵酒肆送別》云：「請君試問東流水，別意與之誰久長。」他們總是依依惜別，款款話別，因爲他們不願生命的時光在別後的孤獨與寂寞中徒然消逝，而惜別話別時，除了「一尊別酒，兩行清淚」總是點綴其間外，往往還懸有一盞孤燈、幾縷細雨，使人倍感命運的慘淡。如宋代蘊常《送空上人》云：「白頭更作西洲夢，細雨青燈話別離。」趙晟母《惜別》云：「預愁離別苦相對，挑盡漁陽一夜燈。」當他們對別離的怨憤情緒上揚到沸點時，往往也敢於發出令人揪心裂肺的呼號。如明代民歌《精選劈破玉歌‧分離》云：「要分離除非天做了地！要分離除非東做了西！要分離除非官做了吏！你要分時分不得我，我要離時離不得你。就死在黃泉也做不得分離鬼。」這是凝聚著全部生命力的呼號，是不願逆來順受而渴望生命圓滿的呼號，是雖然聲嘶力竭卻燃燒著生命的火焰的呼號，當然，也是因無力彌補生命中的缺憾而變得更加激憤與亢進的呼號。

　　毋庸贅爲引述，僅由以上這些隨意拈取的作品也足以證明生命意識確是別離主題的淵藪。我們曾經說過，在五音繁會的別離樂章中，既有哀婉、愁苦的主旋律，也有剛健、昂揚的變奏曲。如果承認別離是一種生命中的缺憾，那麼，應當說，「主旋律」是對這種缺憾的順向式感應，而「變奏曲」則是對這種缺憾的逆向式感應。這也就是說，前者的哀婉與愁苦，顯示了對生命中的缺憾的被動的消極的喟嘆；後者的剛健與昂揚，則表現了對生命中的缺憾的主動的積極的挑戰───一種明知如此卻不甘如此的挑戰。由於思維定勢與心理定勢的差異，有的作家順向進行感應，

有的作家逆向進行感應，這容易理解。但還有另一種情形，那就是：同一個作家，有的作品順向進行感應，有的作品則逆向進行感應。如西晉郭遐周《贈嵇康詩三首》其二云：「風人重離別，街道猶遲遲。宋玉哀登山，臨水送將歸。伊此往昔事，言之以增悲。嘆我與嵇生，倏忽將永離。俯察淵魚游，仰視雙鳥飛。厲翼太清中，徘徊於丹池。欽哉得其所，令我心獨違。言別在斯須，慇焉如朝飢。」這屬於順向感應。其三云：「離別自古有，人非比目魚。君子不懷土，豈更得安居。四海皆兄弟，何患無彼姝。岩穴隱傅說，空谷納白駒。方各以類聚，物亦以群殊。所在有智賢，何憂不此如。所貴身名存，功烈在簡書。歲時易過歷，日月忽其除。勗哉乎嵇生，敬德在慎軀。」這則屬於逆向感應。更有同一篇作品兼用兩種感應方式者，如辛棄疾《滿江紅·送李正之提刑入蜀》：「蜀道登天，一杯送、繡衣行客。還自嘆、中年多病，不堪離別。東北看驚諸葛表，西南更草相如檄。把功名、收拾付君侯，如椽筆。兒女淚，君休滴；荊楚路，吾能說。要新詩準備，廬山山色。赤壁磯頭千古浪，銅鞮陌上三更月。正梅花、萬里雪深時，須相憶。」這種情形要複雜些，但同樣可以從生命意識的角度予以解釋：在作家的心靈深處，一方面不能不因感受和意識到生命中的缺憾而憂傷，另一方面又不甘面對缺憾空自嘆惋，呈露出無主復無奈的心態，便故意化悲為壯、摧柔為剛。這樣，在同一組作品、甚至同一篇作品中，便既有被動的消極的喟嘆，又有主動的積極的挑戰。而無論前者還是後者，都以生命意識為其淵藪。

第二節　藝術魅力：
別離主題長盛不衰的本體原因

別離主題之所以能長盛不衰，是因爲它既淵源於創作主體的生命意識，所反映的又是一種永恆的生命現象。這已見前述。但別離主題的長盛不衰，還有其本體方面的原因，那就是別離文學作品自身的藝術魅力。事實上，我們閱讀別離文學作品時，所以激動不已，一方面是因爲潛移默化在其中的生命意識引起了我們的心弦的共鳴，另一方面也是因爲包蘊於其中的藝術魅力使我們獲得了強烈而持久的美感效應。因此，只有從這兩方面同時著手，才能對別離主題何以長盛不衰的問題作出確切的、完整的、令人信服的解答。

說到別離文學作品的藝術魅力，那當然來自別離文學作家的卓絕的藝術創造。在代代延續而又代代進化的藝術實踐過程中，作家們積累了無限豐富的藝術經驗與藝術手段。這些藝術經驗與藝術手段，有的是繼承前人，有的則是對前人的發展。當作家們將其融注與凝聚到作品中（當然是巧奪天工、了無痕跡的融注與凝聚。），便形成了作品的撼人心魄的藝術魅力。反過來，前代的別離文學作品的撼人心魄的藝術魅力又會吸引和誘發後代作家的創作熱情與才思，從而在更高的層次上不斷得到弘揚，與時俱進，歷久彌新。如此相互作用、相互循環，在我看來，也是別離主題長盛不衰的原因之一。

這還只是一種抽象的概念化的表述，自然不足以說明問題；那麼，就讓我們一起對造成藝術魅力的因素——別離文學作家的藝術經驗與藝術手段進行具體而微的分析，以獲取感性的體驗與

理性的認知吧！爲了表述的方便，我們擬將別離文學作品分爲抒
情與敘事兩大類。誠然，抒情與敘事作爲具體的藝術手段往往融
合在一起，很難截然分開，因而這樣的分類並不十分科學。但從
另一角度看，每一篇具體的別離文學作品對抒情與敘事畢竟又各
有側重，所以，這樣分類也有著一定的合理性。既然如此，分別
捕捉別離主題在抒情與敘事這兩類文學作品中的不同的藝術顯影，
似乎並不是一種荒謬的做法。

　　先看抒情文學作品。

　　我以爲，抒情文學作品表現別離主題時最重要的藝術手段、
亦即最突出的藝術經驗有以下幾點：

　　一是以情馭景，以景傳情。以上各章在行文中已多次涉及這
一點，這裡謹再補充一些實例，以使它得以凸現。試看元代張翥
的《踏莎行·江上送客》：

> 芳草平沙，斜陽遠樹，無情桃葉江頭渡。醉來扶上木蘭舟，
> 將愁不去將人去。　　薄劣東風，天斜落絮，明朝重覓吹
> 笙路。碧雲紅雨小樓空，春光已到銷魂處。

這是一首芳悱纏綿的送別詞。題爲「江上送客」，規定了這次送
別所特有的情境：它既不同於「山中送別」，也有異於「平原送
別。」如果說以情馭景、以景傳情是送別詩詞慣用的表現手法的
話，那麼，這裡，作爲其離情別緒的觸媒的，只能是江邊的風光
景物。詞一開篇所展示的正是一幅江邊風物圖：芳草萋萋，平沙
漫漫，斜暉脈脈，遠樹蒼蒼，而爲這一切所簇擁的則是江頭的「
桃葉渡。」「桃葉渡」，位於秦淮河口，因晉代王獻之在此歌送
侍妾桃葉而得名。歌云：「桃葉復桃葉，渡江不用楫。但渡無所
苦，我自迎接汝。」後人遂以「桃葉渡」泛指渡口。此詞亦然。
值得注意的是作者在桃葉渡前還修飾以「無情」二字。所謂「無

情桃葉江頭渡」，是說桃葉渡不爲人間的悲歡離合所動，顯得那樣冷漠無情。其實，桃葉渡亙古如斯，與人事何預？作者指斥桃葉渡之「無情」，一方面是爲了反襯自己之有情，另一方面也未嘗不是聲東擊西——眞正「無情」的是迫使他們別離的現實。對此，作者洞若觀火，卻難以直陳，於是桃葉渡便不幸而成爲他「遷怒」的對象。細加尋繹，這幅江邊風物圖，不惟線條簡潔，色彩斑斕，而且滲透著作者傷離怨別的情思。不過，上片前三句畢竟還只是作者的目之所見與心之所感，主客雙方均未公開亮相。待得四、五兩句，則主客雙方的形象連同情思一並融入了畫面。「醉來扶上木蘭舟」，說明登舟前主客曾舉杯痛飲，直至沉醉不起；而痛飲的目的，無疑是借酒澆愁。然而，有道是「舉杯澆愁愁更愁。」實際情形不正是這樣嗎？「將愁不去將人去」，意思是說，木蘭舟所載走的只是「離人」，而不是「離愁。」也就是說離人已去，而離愁猶在。由這一眞切而又沉痛的泣白，不難看出這次別離使作者心靈受到的摧傷有多麼嚴重！過片後「薄劣東風」二句仍運以移情入景、借景抒情的筆法。如果說「薄劣東風」是形容春風顛狂之態的話，那麼，「夭斜落絮」則是模寫柳絮飄蕩之狀。顯然，「薄劣」、「夭斜」二詞隱含貶斥之意。這便是所謂「傷心人別具眼目」——作者因別離而心境不佳，所以在他眼裡「東風」、「落絮」才變得這般令人生厭。不徑言心緒惡劣，而通過景物描寫來加以折射，庶幾可收「不著一字，盡得風流」之效？離棹待發，重逢無期，值此黯然銷魂之際，作者靈台深處突然生發出一個頑強的意念，那便是「明朝重覓吹笙路。」「吹笙路，」似乎是化用《詩經·小雅·鹿鳴》「我有嘉賓，鼓瑟吹笙」句意，隱喻主客昔日的歡會之處。在作者想來，既然重逢無期，那麼明朝重去昔日的歡會之處尋覓舊蹤，或許能拾得若干溫

馨的記憶，以稍解離愁、聊慰相思。然而「重覓」的結果卻是「碧雲紅雨小樓空，春光已到銷魂處。」「碧雲紅雨，」景象不可不謂綺麗，但給予作者的卻是春意闌珊的淒涼感受──「紅雨」者，落紅紛飛如雨也。它意味著春天已將逝去。這猶為次，更使作者觸目傷懷的還是，昔日春光融融的小樓，如今卻空空如也，再也無覓意中人的芳蹤與倩影。「小樓空」三字，雖然平樸無奇，卻恰到好處地渲染了一種人去樓空、鴛夢難溫的失落之感，頗能引發讀者的聯想。結果如此，作者深知往事難追，於是便在篇末發出「春光已到銷魂處」的浩嘆。「銷魂處」，指代別離之處。按之文字表層，此句似乎是說春光已由昔日的歡會之處轉移到今日的別離之處。而其深層意蘊則是：春光已偕離人俱去，這豈不是暗示春光始終與離人同在嗎？涉筆至此，作者對離人的繾綣深情已橫溢於字裡行間。全詞以情馭景，以景傳情，讀來饒有興味。宋代秦觀的《滿庭芳》也是如此：起筆「山抹微雲，天黏衰草」二句寫別時所見。浮雲繚繞在山頂，枯草蔓延至天邊。這一淒迷的景色，正象徵著作者惘然若有所失的心境。「畫角聲斷譙門」一句寫別時所聞。景色如此蕭索，已令離人不堪，偏偏這時又從城樓門邊傳來了淒婉、悲涼、若斷若續的號角聲，這就更撩撥起離人的一腔愁緒。在這作為畫外音的號角聲中，分明也融入了作者的離愁別恨。因此，起筆這三句既是精當的景語，也是精妙的情語。它們從視覺和聽覺兩方面對作者的離情別緒作了烘托和渲染。自然，情與景會，本是別離文學作品習用的藝術手段，非獨秦觀熟稔於此。秦觀的獨到之處在於：他慣於用淒迷之景，寫淒苦之情。驗之此詞，詞中出現的「微雲」、「衰草」、「暮靄」、「斜陽」、「寒鴉」、「孤村」等等，無一不是淒迷之景。作者便用這些淒迷之景構築起一個令人傷心慘目的境界，而自己則「

「淺斟低唱」於其中。

　　晚唐作家韓偓曾經在詩中寫道：「林塘闃寂偏宜夜，煙火稀疏便似村。大抵世間幽獨景，最關詩思與離魂」（《曲江夜思》）。的確，在側重抒情的別離文學作品中，「幽獨」的景色總是關合與牽繫著抒情主人公的離愁別恨。如：

>　　試說途中景，方知別後心。
>　　行人日暮少，風雪亂山深。
>
>　　　　　　　　　——宋・孔平仲《寄內》
>
>　　曙雲蒼蒼兼曙雲，朔風煙雁不堪聞。
>　　貧交此別無他贈，唯有青山遠送君。
>
>　　　　　　　　　——唐・郎士元《送麹司直》
>
>　　故關衰草遍，離別自堪悲。
>　　路出寒雲外，人歸暮雪時。
>　　少孤爲客早，多難識君遲。
>　　掩淚空相向，風塵何處期？
>
>　　　　　　　　　——唐・盧綸《送李端》

孔詩以「途中景」來傳寫「別後心。」在那一片亂山深處，風雪彌天，暮色昏沉，行人寥落。景色這般幽獨，作者的離懷又該是何等孤苦！郎詩中的「曙雲」、「朔風」、「煙雁」亦屬幽獨之景，藉以烘染作者此時飄忽怊悵的離情別緒，至爲適宜。「唯有青山遠送君」，將惜別深情賦予青山，固然使得虛實相生，但遠送者唯「青山」而已，卻又令人倍感幽獨與孤寂。盧詩以「寒雲」與「暮雪」對舉，對主客別離時的孤獨、悲涼心境也起了有力的烘托作用。

　　作家們以景傳情的景大多是具體的，但也有的介於具體與抽象之間，「春色」便是其中的一種。唐宋時期的別離詩詞習於用

「春色」作為離情的觸媒。如：

　　野酌亂無巡，送君兼送春。

　　明年春色盡，莫作未歸人。

　　　　　　　　　——唐・崔櫓《三月晦日送客》

　　晴煙漠漠柳毶毶，不那離情酒半酣。

　　更把玉鞭雲外指，斷腸春色在江南。

　　　　　　　　　——唐・韋莊《古離別》

　　水是眼波橫，山是眉峰聚。欲問行人去那邊，眉眼盈盈處。

　　　　才始送春歸，又送君歸去。若到江南趕上春，千萬和

　　春住。

　　　　　　　　　——宋・王觀《送鮑浩然之浙東》

崔詩始終把惜別與傷春粘合在一起，看似直露，實際上頗耐玩賞。
既然友人此時與春色一同離去，作者當然希望他明年能再與春色
一同歸來。惜別之情與傷春之意在這裡已水乳交融，從而加強了
作者的離愁別恨。只是「春色」若何，作者並不具體描寫。這樣，
讀者反倒因其用筆的抽象而產生出更為豐富的聯想。韋詩要具體
些：晴煙漠漠，楊柳毶毶，真是好一派陽春美景。但對於離人來
說，春色越濃，離愁越深。此地尚屬江北，明媚春光已使離人不
奈；而此番所去的江南，春色自當更濃，不用說，離人也將傷心
更甚。「斷腸春色在江南，」探過一步作結，情韻極為悠遠。王
詞上片化景語為情語，筆意雙關，構思奇艷，所以屢為後人所稱
道。下片雖稍有遜色，但揉送別與送春為一體，功力亦自不凡。
「才送」、「又送」，構成遞進關係，將作者「傷別復傷春」的
愁苦之情描寫得更為深切。而叮囑友人與春色同住，則又表達了
作者對友人的美好祝願。

　　以情馭景，以景傳情這一藝術手段，有時貫穿於全篇，有時

則僅運用於篇首或篇末。其中，篇末借佇望之景抒惜別之情者尤爲常見。除人們所熟知的李白的《黃鶴樓送孟浩然之廣陵》、岑參的《白雪歌送武判官歸京》外，較著名的尚有唐代王維的《齊州送祖三》：「天寒遠山淨、日暮長河急。解纜君已遙，望君猶佇立。」孟浩然的《送杜十四之江南》：「荊吳相接水爲鄉，君去春江正渺茫。日暮征帆何處泊？天涯一望斷人腸。」許渾的《謝亭送別》：「勞歌一曲解行舟，紅葉青山水急流，日暮酒醒人已遠，滿天風雨下江樓。」冷朝陽的《送紅線》：「採菱歌怨木蘭舟，送客魂消百尺樓。還似洛妃乘霧去，碧天無際水空流。」宋代王十朋的《韶美歸舟過夔，留半月語離，作惡詩以送之，用韶美原章韻》：「況是桑榆俱暮景，何曾富貴已危機。明朝悵望仙舟遠，百尺高樓上靜暉。」都將惜別深情淡水著鹽般地融化在精心構置的景物中，從而形成餘音裊裊、引人入勝的藝術境界。

　　二是隨物賦形，像中有興。根據抒情寫意的需要，作家們不僅每每精當地摹寫各種物態，使之互相映發、撩人離思，而且往往賦物態予人情，使物態成爲人格化的物態，具有比興的功能。這也就是通常所說的「托物寄意」。作家們藉以「寄意」之物甚多，這裡僅以鳥、草、花爲例：

> 可憐雙白鷗，朝夕水上游。
>
> 何言異栖息，雌住雄不留。
>
> 孤飛出激浦，獨宿下滄州。
>
> 東西從此別，景響絕無由。
>
> 　　　　　　——梁·何遜《詠白鷗兼嘲別者》

> 斂眉語芳草，何許太無情。
>
> 正見離人別，春心相向生。
>
> 　　　　　　——唐·萬楚《題情人藥欄》

> 片片落花飛，隨風去不歸。
>
> 如何臨欲別，不得傍君衣。
>
> ──宋・嚴肅《落花》

何詩通篇落筆於白鷗，似乎純係詠物。其實，作者不過托白鷗以寄意，即以那對「東西從此別」的白鷗象徵人間忍痛分袂的情侶，不著痕跡地抒寫離愁別恨。當然，作者還是有意無意地留下了痕跡，以便讀者躡跡追蹤，捕捉他的眞實用心，那便是詩題中的「兼嘲別者」四字，萬詩無理而有情──埋怨芳草無情，正見作者自己之多情。「斂眉」二字，怨意全出。作者認爲，當此別離之際，應該天地同悲，萬物俱愁；而「芳草」卻偏偏春心自生，略無悲愁之態。這就不能不使作者惱恨了。這亦屬賦物態予人情，只是比興之意不及何詩明顯。嚴詩中的抒情主人公自托爲「落花」。他深感落花的隨風遠逝，一如離人的四方飄泊，二者都難以主宰自己的命運。「如何臨欲別，不得傍君衣，」抒情主人公欲與對方長相廝守而不可得的淒苦情態宛然若見。如此隨物賦形、與物宛轉，而將己意「入乎其中」，復又「出乎其外」，自然每每能造成「境生於象外」的藝術效果。

　　三是靈光獨運，構思精巧。作家們都力圖在他人不到處另生眼目，確立迥異於流俗的著墨點，以獨特而又精巧的構思，自立於別離文學作品之林。如果說唐代王維的《山中送別》是通過對送別後的不平靜的心態的顯影來曲折地流露出作者的離情別緒的話，那麼，南朝陰鏗的《江津送劉光祿不及》則是致力於抒寫送之不及的無限悵惘，構思有異，而其離愁別恨卻同樣渲泄在字裡行間：「依然臨送渚，長望倚河津。鼓聲隨聽絕，帆勢與雲鄰。泊處空餘鳥，離亭已散人。林寒正下葉，釣晚欲收綸。如何相背遠，江漢與城闉。」鼓聲已絕，帆影已遠，空餘鳥覆春州、葉墜

寒林。別離，本是人間最苦之事，而作者竟連話別、送別的機會亦復失去，豈不苦上加苦？這樣謀篇布局，較之正面描寫送別情景，自屬另闢蹊徑。更有著墨於重逢後的複雜情態，由此反觀當初的離愁別恨者。如宋代陳師道的《示三子》：

> 去遠即相忘，歸近不可忍。
>
> 兒女已在眼，眉目略不省。
>
> 喜極不得語，淚盡方一哂。
>
> 了知不是夢，忽忽心未穩。

元豐七年（1084），作者的岳父去成都提點刑獄。因家貧故，其妻及三子一女隨之西行。作者本人則因母老不克同去，只得強忍「妻離子散」之苦。四年後，作者覓得徐州州學教授之職，生計有著，才將妻兒接回。其間，生離死別的種種悵恨，都可由此詩反觀而得。首二句既表現了作者相見無期時的悲傷與絕望，又刻劃了他歸期將近、會面有望時的焦灼與躁動。「去遠」、「歸近」，一反一正，將作者惜別傷離的真實心態披露無遺。三、四句推出久別重逢時的情景，深寓親生骨肉幾成陌路的感喟。五、六句進一步渲染重逢後悲歡交集、瞬息變化的複雜情感：驚喜之餘，竟什麼話也說不出來，只是默默對視，淚流滿面，良久才意識到自己的失態，而破涕為笑。「淚盡方一哂」，這一哂若有萬千意味。七、八句意味更深：明知不是相逢於夢中，內心卻仍忽忽未穩，唯恐眼前的一切全是自己的幻覺。這就含蓄地告訴讀者，在別後的四年裡，作者曾多少回與親人歡會於夢境，又曾多少回「悅驚起而長嗟」！如是一再幻滅，等到真的見面時，反倒心懷疑懼，難以安寧。這裡，了無一字道及離愁別恨，但作者的離愁別恨卻借助曲折的構思徐徐漾出。當然，著意表現見面時的夢幻感以反觀離愁之深、別恨之烈的不只是陳氏此詩。在陳氏之前，杜甫《

羌村三首》其一既云：「夜闌更秉燭，相對如夢寐；」司空曙《
雲陽館與韓紳宿別》亦云：「乍見翻疑夢，相悲各問年；」晏幾
道《鷓鴣天》更云：「今宵賸把銀釭照，猶恐相逢是夢中。」因
此，陳氏不過巧妙地點化了前人固有的構思而已。

　　另一種構思方法是：既實寫別時情景，復虛擬別後情景，使
時空得以拓展，畫面得以延伸，情感得以回旋。宋代柳永的《雨
霖鈴》是這方面的最顯著的例子。另如唐代李頎的《送劉昱》：

　　八月寒葦花，秋江浪頭白。

　　北風吹五兩，誰是潯陽客。

　　鸕鶿山頭微雨晴，揚州郭里暮潮生。

　　行人夜宿金陵渚，試聽沙邊有雁聲。

「五兩」是古代的候風器，用雞毛五兩（或八兩）繫於桅頂而成。
八月風高，葦寒浪白，本不宜行船，但友人卻偏要風行水宿，遠
赴潯陽。作者留之不得，只好執手相送於江邊。雨霽潮生，客舟
將發。作者不禁想到，今宵客舟將停泊於何處，與友人相伴的又
將是何物呢？「行人夜宿金陵渚，試聽沙邊有雁聲」二句便代友
人設想別後夜宿的情景：他大概會在金陵渚稍駐征帆，那時，聽
到的也許只是孤雁的哀鳴聲聲。雁常栖息於葦中，因而作者由送
別處的寒葦聯想到雁聲，並不足奇。需要指出的是，雁如果群栖
群息，一般不會發出聲來；此時既然發出聲來，必是失群孤雁無
疑。而友人獨宿金陵，與孤雁離群何異？這樣，當他夜聞雁聲時，
必然會憶起白日相送的那群詩友，而深悔此行。離去的友人如此，
此刻佇立悵望的友人又該懷著怎樣一份濃重的惜別的感傷？不寫
別後自己如何惆悵獨歸，而以虛擬之筆懸想友人行蹤與處境，是
其構思的獨到之處。後來，柳永《雨霖鈴》中的「今宵酒醒何處？
楊柳岸、曉風殘月」，則繼承和發展了這一構思。

　　四是發想新奇，無理而妙。作家們在抒寫離情別緒時是善於馳騁其窮盡幽冥的想像力的，每能憑藉新奇、警拔、無理而妙的想像，使離情得到生動的展示、別緒得到形象的映現。如：

　　江水漾西風，江花脫晚紅。

　　離情被橫笛，吹過亂山東。

　　　　　　　　——宋·王安石《江上》

　　山色江聲相與清，卷簾待得月華生。

　　可憐一曲並船笛，說盡故人離別情。

　　　　　　　　——宋·黃庭堅《奉答李和甫代簡二絕句》其一

離情是無形的，豈能被橫笛吹過山東？初看，王詩固屬無理之極；但細一思量，卻會發現其妙處：水勢浩蕩，風力強勁，征棹載著作者飛速向前行駛。眼見岸花紛墜，身感秋氣襲人，作者的情懷已是不勝落寞；這時，偏又有人吹奏起橫笛，那嗚嗚咽咽的笛聲益加撩起他悲涼的離情，使他內心又打上一個解不開的死結；不知不覺間，征棹已轉過亂山東面。其本意如此。但說成「離情被橫笛，吹過亂山東」，卻顯得發想新奇——在作者筆下，「離情」已被異化為某種實體。黃詩也由笛聲騁其才思。「並船笛」、其本身或許並無深意。但作者卻將它想像為離情的傳播媒介。就手法而言，這屬於托物寄興，但它體現了作者的豐富的想像力卻毋待多言。

　　作家們還善於從自然界擷取各種物象來比況離情別緒。這同樣需要別出心裁的藝術創造力和想像力。如南齊蕭子顯《春別詩四首》其四云：「銜悲攬涕別心知，桃花李花任風吹。本知人心不似樹，何意人別似花離。」宋代徐鉉《送勖道人》云：「離情似霜葉，江上正紛紛。」秦觀《念奴嬌》：「滿天風雪，向行人做出征途模樣，回首家山才咫尺，便有許多離況。」清代宋平《

送別》云：「別路風光早，江南芳草天。人心似春色，千里逐君船。」雖非搜奇獵異、想落天外之筆，但如若不能敏銳地發現離情與物象在某一點上的聯繫，並借助想像生發開去，亦難以措語。

五是筆法多變，騰挪自如。作家們表現別離主題時用筆往往不主故常，姿態橫生，給人隨意揮灑，變化無端之感。有的納須彌於芥子，顯示出高度的藝術概括力，如宋代陳淵的《題綠波亭》：

南浦江波綠，陽關柳色青。

夕陽千古恨，分付短長亭。

一、二句融合江淹《別賦》及王維《送元二使安西》之意，以寥寥十字，點染成一個適合於各種類型的送別的典型環境。三、四句從時間與空間兩方面極寫離愁別恨的深長無際。「短長亭」，指代行人餞別與休憩之所。秦漢時十里置亭，謂之長亭；五里置亭，謂之短亭。故庾信《哀江南賦》有云：「水毒秦涇，山高趙徑，十里五里，長亭短亭。」李白《菩薩蠻》詞亦有「何處是歸程，長亭更短亭」句。夕陽西沉，道路悠悠，千古離愁別恨，盡皆交付給長亭和短亭。一筆橫貫古今，若有千鈞之力。有的以傳奇之筆賦尋常之別，亦虛亦實，似真似幻，如唐代李商隱的《板橋曉別》：

回望高城落曉河，長亭窗戶壓微波。

水仙欲上鯉魚去，一夜芙蓉紅淚多。

長亭臨水而建，晨光熹微中，恍若幻化出來的仙山瓊閣。這已給作者所要描寫的尋常的別離抹上了一層奇幻神秘的色彩。但更為奇幻神秘的還是三、四句。「水仙」句暗用琴高事：據《列仙傳》載，戰國時趙人琴高，通神仙之術，曾乘赤鯉來，留月餘復入水去。作者這裡把行人比作乘鯉凌波而去的水仙琴高，意在將「方留戀處，蘭舟催發」的現實場景幻化成「水仙欲上鯉魚去」的神

奇境界。末句中的「紅淚」則用薛靈芸事：據《拾遺記》載，薛靈芸應魏文帝之召，充其後宮。告別父母，驅車登程時，用玉唾壺承淚。及至京師，壺中淚凝如血，是謂「紅淚」。作者先以出水芙蓉比喻送者，暗示其美艷絕倫；進而又由「紅顏」推想出她的淚也應是「紅淚」。「一夜」，點出她泣血傷神的情態並非「板橋曉別」時所見，而是作者的追憶。這就不僅表現了「曉別」的難堪，而且揭示了曉別前那徹夜無眠、相對泫然的銷魂場景，用筆奇幻而又絢麗。有的運筆自如，騰挪有方，極盡曲折宛轉之致，如唐代司空曙的《雲陽館與韓紳宿別》：

> 故人江海別，幾度隔山川。
>
> 乍見翻疑夢，相悲各問年。
>
> 孤燈寒照雨，濕竹暗浮煙。
>
> 更有明朝恨，離杯惜共傳。

詩以惜別爲主旨，卻先說上一次的別離，接寫這一次的相會，然後才落筆於話別與惜別的情景。首聯與頷聯，一因一果，巧相承轉：一別經年，山川阻隔，相見何難，相思何切！唯其如此，初逢時才會有「翻疑夢」的感覺和「各問年」的舉動。相逢恨晚，相聚苦短。因此，他們分外珍惜今宵這短暫相聚的時光，決意作徹夜長談。但千言萬語又豈是一夜中所能說盡？作者乾脆避實就虛，全用景物來烘染。「孤燈」云云，氣氛悲涼，正反映了作者心境的黯淡。尾聯以勸飲作結，點明惜別的感傷。全篇重抹輕挽，筆致空靈。有的筆法開闔動盪，變幻多姿，顯得奇峭而又妥貼，如唐代李賀的《金銅仙人辭漢歌》：

> 茂郎劉郎秋風客，夜聞馬嘶曉無跡。
>
> 畫欄桂樹懸秋香，三十六宮土花碧。
>
> 魏官牽車走千里，東關酸風射眸子。

　　　　空將漢月出宮門，憶君清淚如鉛水。

　　　　衰蘭送客咸陽道，天若有情天亦老。

　　　　攜盤獨出月荒涼，渭城已遠波聲小。

「金銅仙人」為漢武帝所鑄，「高二十丈，大十圍」，異常雄偉，魏明帝景初元年（237）被拆離漢宮，運往洛陽，作者即由這一歷史題材加以衍化。詩的主體部分描寫金銅仙人初離漢宮時的淒涼情態。時而從正面著筆，時而從側面落墨，並交互運用第一與第三人稱，詩意大開大闔，大起大落，卻又始終圍繞一個「愁」字，既有參差錯落之致，亦有整飭綿密之妙。「渭城已遠波聲小，」從對面運思，借助景物的聲音與形態，委婉而深沉地表現出金銅仙人悠悠無盡、綿綿不絕的恨別傷離情懷。全篇無一處不奇，無一處不切。

　　六是造語工巧，神餘言外。別離文學作家們既精於造境，亦工於造語，往往不加雕飾、不著脂粉，卻自有雋永、深長的意趣。如唐代李益的《喜見外弟又言別》：

　　　　十年離亂後，長大一相逢。

　　　　問姓驚初見，稱名憶舊容。

　　　　別來滄海事，語罷暮天鐘。

　　　　明日巴陵道，秋山又幾重？

語言極其樸素，極其凝煉，讀來但覺餘味無窮。即以前兩聯而言：首聯至少有四層含意。一是感嘆別離已有十年之久；二是交代別離發生的時代背景——戰亂；三是說明兩人幼年分手，長大才得以重逢，這實際上是暗示彼此容貌已有很大變化；四是揭示這次重逢的戲劇性：多年音訊不通，存亡未卜，乍「一相逢」，彼此都殊感意外。頷聯描寫初見的一瞬間：面對眼前的陌生的來客，作者一邊彬彬有禮地詢問道：「貴姓？」一邊暗暗驚訝於他的貌

然造訪。等到對方自報姓名，作者才悟得他原來就是一起度過竹馬童年的表弟而激動得難以自持。於是，作者又一邊仔細地端詳他的容貌，一邊在腦海中搜尋殘留著的對他的音容笑貌的記憶。從「問」到「驚」，從「驚」到「憶」，細膩而又逼真地展示了從初見不識到接談相認的神態變化，雖然純用白描手法，卻有聲有色，神餘言外，而其對偶也極為精工。又如南朝范雲的《別詩》：

> 洛陽城東西，長作經年別。

> 昔去雪如花，今來花似雪。

以「雪如花」與「花似雪」錯互成文，精確、生動地再現了「昔去」與「今來」時的不同情景，顯示出熔鑄和驅遣語言的高超技巧。有時，作家們甚至不惜使用明白如話的俚俗語言來抒寫離情。如宋代石孝友的《浪淘沙》：「好恨這風兒，催俺分離。船兒吹得去如飛。因甚眉兒吹不展，叵耐風兒。　不是這船兒，載起相思？船兒若念我孤栖。載取人人篷底睡，感謝風兒。」有意將語言兒化，通過「風兒」、「船兒」、「眉兒」等一系列兒化語的錯綜運用，婉曲地表現了內心的離愁別恨，給人流利、通俗、真切之感，堪稱語淡情濃，言淺意深。又如近代黃遵憲的《今別離》：「別腸轉如輪，一刻既萬周。眼見雙輪馳，益增心中憂。古亦有山川，古亦有車舟，車舟載離別，行止猶自由。今日舟與車，並力生離愁。明知須臾景，不許稍綢繆。鐘聲一及時，頃刻不少留。雖有萬鈞柁，動如繞指柔；豈無打頭風，亦不畏石尤。送者未及返，君在天盡頭。望影倏不見，煙波杳悠悠。去矣一何速，歸定留滯不？所願君歸時，快乘輕氣球。」題為「今別離」，意在表明用筆造語與前代的「古別離」有別。事實上，作品中的現代文明氣息也確為前代的別離詩詞中所未見，但作者的離愁別恨卻與前人毫無二致，而使用的語言也同樣通俗易懂。「別腸轉

如輪，一刻既萬周，」就眼前景物取譬，不無誇張地描繪出別離之際愁腸輾轆的情狀，既生動形象，又明白曉暢。造語的工巧，還表現在句式的錯落有致，如宋代黃庭堅的《送王郎》：「酌君以蒲城桑落之酒，泛君以湘累秋菊之英。贈君以黔川點漆之墨，送君以陽關墮淚之聲。酒澆胸次之磊塊，菊制短世之頹齡。墨以傳萬古文章之印，歌以寫一家兄弟之情。江山千里俱頭白，骨肉十年終眼青。連床夜語雞戒曉，書囊無底談未了。有功翰墨乃如此，何恨遠別音書少。炒沙作麋終不飽，鏤冰文章費工巧。要須心地收汗馬，孔孟行世日杲杲。有弟有弟力持家，婦能養姑供珍鮭。兒大詩書女絲麻，公但讀書煮春茶。」開篇八句，除中間穿插兩句七言之外，其餘皆為九言長句，且以排比法一氣傾瀉而出，音調鏗鏘，語勢磅礴。然後改用整齊的七言句式，音調轉為和諧平緩，語勢亦轉為順遂暢適。因而，統觀全篇，頗見參差錯落、抑揚起伏之美。

　　這似乎是不應有的疏忽：以上標舉的若干實例，限於詩詞一體，對散文則概未涉及。這樣做，一個重要的原因或許是，散文在表現別離主題時另有其獨特而巧妙的手段。其中，明顯有別於詩詞的是敘事、寫景、抒情、說理的有機融合。如唐代任華的《送宗判官歸滑台序》：

　　　　大丈夫其誰不有四方志，則僕與宗衰二年之間，會而離，離而會，經途所互，凡三萬里。何以言之？去不期而會於桂林；居無何，又歸滑台；今年秋，乃不期而會於桂林；居無何，又歸滑台，王事故也。舟車往返，豈止三萬里乎？人生幾何？而倏聚忽散，遼敻若此，抑知己難遇，亦復何辭？

　　　　歲十有一月，二三子出餞於野。霜天如掃，低向朱崖。加

以尖山萬重，平地卓立。黑是鐵色，銳如筆鋒。復有陽江、桂江，略軍城而南走，噴入滄海，橫浸三山，則中朝群公豈知遐荒之外有如是山水？山水既爾，人亦其然，哀乎對此，與我分手，忘我尚可，豈得忘此山水哉！

大丈夫既然懷有「四方之志」，自當不免辭親別友，輾轉旅途。這樣，作者與宗袞便忽離忽會，時聚時散。「二年」，時間非長；「三方里」，空間實廣。「二年」中竟經歷了豈止「三萬里」的途程，這在只能借助「舟車往返」的古人，簡直是不可思議的奇跡──開篇這一段文字雖以敘事為主，卻不僅具有濃烈的抒情意味，而且還說明了有志者「倏聚忽散」、難以恪守「安土重遷」的古訓的道理。接著詳記桂林之會的情景，摹山繪水，用墨如潑：摹山，則曰「銳如筆鋒」；繪水，則曰：「噴入滄海，」沛然令人心向往之。然後即景抒情，引出一篇之眼：「忘我尚可，豈可忘此山水哉」！這一深情的叮嚀，將作者的惜別、勸歸之意和盤托出，使通篇全活。當然，也有以一唱三嘆的筆法專注於抒情者，如白居易的《與微之書》：「微之，微之，不見足下面已三年矣，不得足下書欲二年矣，人生幾何，離闊如此？況以膠漆之心，置於胡越之身，進不能相合，退不能相忘，牽攣乖隔，各欲白首。微之！微之！如何？如何？天實為之，謂之奈何」！連呼「微之」，復連吁「如何」，全是直抒胸臆語，見出離愁之深已使作者不堪隱忍，乃致仰天長嘆，痛哭失聲。讀來非但沒有直露之嫌，反倒為其一泄無餘的繾綣深情所感染。

即事生發，借端議論，思力深刻，是為別離而作的散文作品的又一基本特點。如宋代歐陽修的《送楊寘序》：「予嘗有幽憂之疾。退而閑居，不能治也。既而學琴於友人孫道滋，受宮聲數引，久而樂之，不知其疾之在體也。夫琴之為技小矣！及其至也，

大者爲宮，細者爲羽，操弦驟作，忽然變之。急者淒然以促，緩者舒然以和。如崩崖裂石、高山出泉、而風雨夜至也。如怨夫寡婦之嘆息，雌雄雝雝之相鳴也。其憂深思遠，則舜與文王孔子之遺音也。悲愁感憤，則伯奇孤子屈原忠臣之所嘆也。喜怒哀樂，動人必深。而純古淡泊，與夫堯舜三代之言語、孔子之文章、易之憂患、詩之怨刺無以異。其能聽之以耳，應之以手。取其和者，道其湮鬱，寫其憂思。則感人之際，亦有至者焉。予友楊君，好學有文。累以進士舉，不得志。及從蔭調，爲尉於劍浦。區區在東南數千里外，是其心固有不平者。且少又多疾，而南方少醫藥，風俗飲食異宜。以多疾之體，有不平之心，居異宜之俗，其能鬱鬱以久乎？然欲平其心以養其疾，於琴亦將有得焉。故予作琴說以贈其行，且邀道滋酌酒、進琴以爲別。」送友序，竟作一篇琴說，且洋洋灑灑，輾轉生發，似乎與送友毫不相干。但讀至篇末，便不難看出，前幅之所以極力寫琴，「正欲爲楊子解其鬱鬱耳」。（《古文觀止》卷十），終不脫題中之義，所謂「形神神不散」也。又如金代元好問的《送秦中諸人引》末段云：「然予以家在嵩前，暑途千里，不若二三君之便於歸也。清秋揚鞭，先我就道，矯首西望，長吁青雲。今夫世俗愜意事，如美食大官、高貲華屋，皆眾人所必爭而造物之所甚靳，有不可得者。若夫閑居之樂，淡乎其無味，漠乎其無所得，蓋自放於方之外者之所貪，人何所爭，而造物者亦何靳耶？行矣諸君，明年春風，待我於輞川之上矣」。不作臨歧沾巾之語，亦不作深情勸慰之辭，而由詩題中的「秦中」二字議論開去，爲不能與諸子同行而早往秦中發一長嘆。在作者對秦中風物的讚美、企羨和不勝向往中，深蘊著對澆薄世風的厭惡，對美食大官的譏諷，對高貲華屋的漠視，對漢唐古風的緬懷，對清寂生活的追求。全篇筆筆寫秦中，筆筆寫自我，卻又筆筆透

過秦中與自我歸結於送友，不滯不隔，意趣盎然。

再看敘事文學作品。

這裡所謂敘事文學作品，主要指小說、戲劇及長篇敘事詩。它們表現別離主題的主要藝術手段與藝術經驗，我以爲有以下幾點：

一是前後映照，意脈不斷。如唐代傳奇作家蔣防的《霍小玉傳》：李益與霍小玉郎才女貌，「兩好相映」，本可結爲美滿姻緣。但因爲李益出自宦族而又熱中仕進，霍王玉出身賤庶後又淪落風塵，終於李益順應母命，「另娶高門」，而毀約背盟，將霍小玉遺棄，造成生離死別的悲劇。作者精心設置了「生離」與「死別」這兩個典型場景，並使之前後映照，貫爲一脈，從而有層次地展現了處於被侮辱、被損害地位的霍小玉的不可抑制的離愁別恨——當然，不僅僅是離愁別恨。「生離」時，「春物尚餘，夏景初麗。」酒闌賓散後，霍小玉離思縈懷，難以自解。她本能地感到隨著李益的登第，命運的陰影已籠罩在自己周圍，過去那些動人的「盟約之言」不過是些不足爲憑的「虛語」。於是，臨別之際，她向李益提出了八年爲期、以盡歡愛的可憐復可悲的要求，並稱「夙昔之願，於此足矣。」當時，李益也不免「且愧且感」，涕淚縱橫。他再次表明自己的心跡：「皎日之誓，死生以之。與卿偕老，猶恐未愜素志，豈敢輒有二三？固請不疑，但端居相待。至八月，必當卻到華州。尋使奉迎，相見非遠。」話倒是說得極爲懇切，但抵家後他卻很快屈服於母親的壓力，而「孤負盟約，大愆回期」，以致霍小玉相思成疾，羸臥空閨。等到「死別」的場景推出時，霍小玉已是「沉綿日久，轉側須人。」儘管「一家驚喜，聲聞於外，」霍王玉卻表現得異乎尋常的冷靜。面對被黃衫豪士挾持而來的李益，她「含怒凝視，不復有言。」

一腔悲痛怨憤，都從這八個字中傳達出來。短暫的沉默，引出下文驚雷似的控訴：「我爲女子，薄命如斯；君是丈夫，負心若此！韶顏稚齒，飲恨而終。慈母在堂，不能供養。綺羅弦管，從此永休。徵痛黃泉，皆君所致。李君李君，今當永訣！我死之後，必爲厲鬼，使君妻妾，終日不安。」用盡全身力氣傾吐出這番訣別之辭後，她便再也支撐不住病軀，「長慟號哭數聲而絕。」較之前一場景，不僅情感更爲沉痛，而且霍小玉的性格也由柔弱變爲剛烈。顯然，正是通過前後兩個場景的映照，作者向我們展示了霍小玉的性格如何隨著離愁別恨的蓄積而發展、轉化的過程。又如施耐庵的《水滸傳》在第二十三回與第三十二回兩度涉筆於宋江與武松相別的情景時，亦頗注意前後照映，以求意脈相連。前度相別，武松挽住宋江說道：「尊兄不必遠送。常言道『送君千里，終有一別。』」而再度相別時，類似的話則出自宋江之口：「不須如此，自古道：『送君千里，終有一別。』兄弟，你只顧自己前程萬里，早早的到了彼處。」這是其一。其二，前度相別，是「武松墮淚」；後度相別，則變成了「宋江灑淚。」其三，前度相別，宋江因與松相識未久，所以只是「說些閑話；」而再度相別時，因相知己深，宋江便不厭其煩地勉勵武松：「日後但去邊上，一刀一槍搏得個封妻蔭子」。這說明作者在經緯全書時極注意前後勾連、彼此照應，而作品的意脈正是在前後勾連與彼此照應中得以貫通。

二是善擇細節，以少勝多。一個餘味曲包的細節運用到作品中，往往能有力地烘托和深化主題，收到以少少許勝多多許的效果。因此，深諳箇中奧秘的別離文學作家總是善於選擇和運用細節來藝術地表現別離主題。如羅貫中《三國演義》第三十六回寫劉備送別徐庶時，便擇用了一個生動、傳神、耐人尋味的細節：

劉備目送徐庶漸去漸遠，忽然忿忿說道：「吾欲盡伐此處樹木。」
眾人不解，驚問其故。劉備回答說：「因阻吾望徐元直之目也。」
僅此一筆，便將劉備的惜別深情刻劃得淋漓盡致。又如吳承恩《
西遊記》第十二回寫唐太宗餞送玄奘時「捻土入酒」，囑其莫忘
故土，也是從生活中提煉出來的含蘊豐富、一以當十的細節。再
如《西遊記》第二十七回：唐僧為嬌魔的解屍法所惑，誤以為孫
悟空濫殺無辜，便憤然與他斷絕師徒關係。悟空百般求饒，都無
法使唐僧改變主意，只得暫返花果山。臨別時，他含淚要唐僧受
他一拜，唐僧轉過身不睬。無奈，悟空只好使出他的絕技──分
身法，「把腦後毫毛拔了三根，吹口仙氣，叫『變』，即變了三
個行者，連本身四個，四面圍住師父下拜。」唐僧「左右躲不脫，
好歹也受了一拜。」這之後，悟空才「獨自個淒淒慘慘」踏上歸
途。因為內心過於悲憤的緣故，竟至「一頭拭進坡前草，兩腳踏
翻地上藤。」不僅如此，半路上還「止不住腮邊淚墜，停雲住步，
良久方去。」這一系列細節把悟空對唐僧的惜別之情表現得多麼
生動、多麼真切！

　　三是巧繪心理，細密盡情。若論心理描寫的細膩、深曲，首
推王實甫《西廂記》中的「長亭」一折：張生在崔夫人逼迫下，
啟程進京應考。鶯鶯偕家人來到十里長亭為之餞別。對於深於情、
專於情的鶯鶯來說，這是第一次飲下別離的苦酒。作者準確地體
察並把握住她此時傷離怨別的痛苦心理，有意識安排她在這一折
中主唱，借助唱詞一層深入一層地揭示了她的離愁別恨。第一層
三支曲子寫她餞飲前的感觸。〔正宮端正好〕景中寓情，不僅成
功地渲染了別離的環境氛圍，而且表現了鶯鶯感情的真摯與沉重。
〔滾繡球〕由情入景，用巧妙的聯想、誇張，將鶯鶯內心油然而
生的離愁別恨描寫得極為細膩動人。〔叨叨令〕則是對知情人所

作的感情自我剖露，手法上是將一連串口語加以排比。第二層八支曲子寫她餞飲時的情態。因有老婦人在場，鶯鶯不便與張生對訴衷腸，故而仍作內心獨白。〔脫布衫〕等三支曲子寫鶯鶯悄悄觀察張生表情。但見他「閣淚汪汪」、長吁短嘆，不禁意痴心碎，失聲悲啼。這樣，既披露了張生的惜別情懷，也烘托了鶯鶯自己的怨別心理。〔上小樓〕等五支曲子讓鶯鶯徑發出「合歡未已，離愁相續」的慨嘆。「但得一個並蒂蓮，強煞如狀元及第。」「蝸角虛名，蠅頭微利，拆鴛鴦在兩下裡。」這充滿怨憤的唱詞，表明鶯鶯因不堪別離之苦而分外企求團圓之樂，又因企求團圓之樂而分外鄙薄拆散他們的功名利祿。第三層六支曲子寫她餞飲後的叮嚀。此時，專制的老夫人已經退場，而張生也即將登程。鶯鶯既無復顧忌，又深恐一別永訣，便暫時拋開少女固有的矜持與羞澀，一而再、再而三地向張生盡情傾訴自己的離愁別恨：「這憂愁訴與誰，相思只自知，老天不管人憔悴。淚添九曲黃河溢，恨壓三峰華岳低。」但此時充溢於她心頭的實在又不止是離愁別恨，還有唯恐被對方無端離棄的隱憂。「你休憂『文福不齊，』我只怕你『停妻再娶妻。』」「此一節君須記，若見了異鄉花草，再休似此處棲遲。」這深情的叮嚀，語意由含蓄漸變為顯露，語氣由委婉漸變為強烈，入木三分地刻劃出鶯鶯的複雜而又微妙的心理。第四層兩支曲子寫她分袂後的佇望。佇望既久，不免愁腸寸斷。蕭瑟的秋景、慘淡的暮靄、淒涼的氛圍，恰到好處地烘托了鶯鶯憂傷而又孤寂的心境。整折戲情節固然較為簡單，心理描寫卻細緻入微、層次分明。鶯鶯臨別之際的無限苦悶、無窮哀怨、無盡衷腸、無際惆悵，都在細密盡情的心理刻劃中得以顯現。

　　四是移步換形，力避雷同。在同一篇作品中敘寫幾種不同的別離情形時，作家們往往能因人制宜或因時制宜，注意移步換形，

以避免千「別」一面、千「離」一腔的雷同化傾向。如漢樂府《焦仲卿妻並序》寫劉蘭芝被迫離開焦家時先後辭別仲卿、焦母及小姑，情形即各各有異：對仲卿，她情深意篤，之死靡它。雖然仲卿在蠻橫、專制的母親面前表現得十分軟弱，她卻毫無怨言。她清醒地意識到焦母決不可能收回成命，仲卿「還必相迎取」的誓言只是一種難以實現的幻想。因此，她一方面向心上人訴說了自己的無辜，另一方面也委婉地指出心上人的想法不切實際。爲了表明自己忠貞不渝的愛情，她決定留贈所有的嫁妝，以使仲卿「時時爲安慰，久久莫相忘。」對焦母，她心懷怨憤，但不失禮節。「上堂謝阿母，母聽去不止。」儘管焦母的態度如此冷漠，她卻還是說出了早就想說的一番話：「昔作女兒時，生小出野里。本自無教訓，兼愧貴家子。受母錢帛多，不堪母驅使。今日還家去，念母勞家裡。」這是自愧自疚，但其中也隱隱寓有怨尤之意和惜別之情，顯示了她這時紆曲而紛亂的心緒。對小姑，她另具一種「長嫂似母」的愛憐之心。「卻與小姑別，淚落連珠子」。在焦母面前強忍住的淚水這時已無法控制、也不想控制了，一任它簌簌滾落下來。撫今思昔，她固然不勝感慨：「新婦初來時，小姑始扶床。今日被驅遣，小姑如我長。」但臨別寄詞，她仍以長嫂的身份托以家事、囑以保重：「勤心養公姥，好自相扶將。」三度告別，三度致辭，卻因告別與致辭的對象不同而各有其特定的情境，從中見出劉蘭芝的忠貞、善良與賢淑。不僅如此，即使同樣是描寫焦仲卿與劉蘭芝的相別，也能隨著情節的推進而移步換形。作品中有三處寫到焦、劉相別。其一是被遣出門前，已見前述。其三是臨歧分手時。如果說雙方的情感這之前還都顯得較有節制的話，那麼，這時則有些失控而變得十分纏綣了。「舉手長勞勞；二情同依依。」臨歧執手，他們是何等難分難捨！其三

是聞變永訣時。蘭芝在勢利的長兄的威逼下假意允婚，內心卻決定以死殉情。而仲卿不明就裡，聞訊「求假暫歸。」行至劉家附近，馬聲悲鳴。蘭芝悵然遙望，知是仲卿前來，便躡履逢迎，備說原委，使仲卿原先的誤解渙然冰釋。他深悔自己方才「賀卿得高遷」等譏諷之語刺痛了蘭芝那顆愛摯的愛心，恨不得與之抱頭痛哭。在訂立了「黃泉下相見，勿違今日言」的盟約之後，他們終於毅然決然地「執手分道去，各各還家門。」而這時作者自己按捺不住，發出「生人作死別，恨恨那可論」的感嘆，力圖將其離愁別恨激化與深化。可以說，移步換形的目的既是爲了避免雷同，更是爲了在新的層面上使離愁別恨進一步得到激化與深化。

五是大事鋪敘，潑墨淋漓。以別離爲題材的敘事文學作品一般篇幅較長，因而作家們往往從容裕如地對別離的場面大事鋪敘；爲求窮形盡相，有時甚至不惜潑墨如注。馬致遠《漢宮秋》第三折便是如此。作者先讓漢元帝在文武百官簇擁下登場，清唱一支〔雙調新水令〕，絮絮叨叨地訴說自己不忍昭君離去的意願。又唱一支〔駐馬聽〕，要文武百官設計「退了番兵」，免教昭君出塞和親。這還屬於烘托和鋪墊的筆墨。接著，正面表現元帝與昭君餞別的情景，不僅讓昭君留衣賦詩，以示離情：「今日漢宮人，明朝胡地妾；忍著主衣裳，爲人作春色；」而且安排元帝連唱〔步步嬌〕、〔落梅風〕、〔殿前歡〕、〔雁兒落〕、〔得勝令〕、〔川撥棹〕等十支曲子；曲與曲之間還穿插有許多深染離愁別恨的對白。如此大事鋪敘，用墨如潑，卻絕無重複之處，因而讀來也無繁冗之感，因爲每支曲子鋪敘的基點都有所不同，同時曲詞本身又極爲精美。且看其中的三段曲詞：「說甚麼大王，不當，戀王嬙，兀良，怎奈他臨去也回頭望！那堪這散風雪旌節影悠揚，動關山鼓角聲悲壯。」「呀！俺問這迥野悲涼，草已添黃，兔早

迎霜。犬褪得毛蒼，人搣起纓槍，馬負著行裝，車運著糗糧，打獵起圍場。他、他、他，傷心辭漢主；我、我、我，攜手上河梁。他部從入窮荒，我鑾輿返咸陽。返咸陽，過宮牆；過宮牆，遶迴廊；遶迴廊，近椒房；近椒房，月昏黃；月昏黃，夜生涼；夜生涼，泣寒螿；泣寒螿，綠紗窗；綠紗窗，不思量」！「呀，不思量，除是鐵心腸！鐵心腸，也愁淚滴千行。美人圖今夜掛咸陽，我那裡供養，便是我高燒銀燭照紅妝。」纏綿往復、痛快淋漓地寫出了元帝惜別的憂傷。

　　六是波瀾迭起，出人意表。敘事文學作品都有一定的情節，而情節就是「人物性格發展的歷史。」因此，似乎可以說，情節愈是曲折，體現在其中的人物性格便愈是豐富，融化在其中的離情別緒也就愈是深長。儘管有些敘事文學作品並不注重情節的設置，而將主要筆墨用於心理描繪，但與此同時，也有許多敘事文學作品則以曲折的情節取勝。所謂「曲折，」便意味著波瀾迭起，出人意表。這在話本（包括擬話本）小說中表現得尤爲明顯。如《醒世恆言》中的《白玉娘忍苦成夫》一篇寫宋末戰亂中程萬里與白玉娘成婚六日便被迫分離，其後，爲得團圓，雙方都歷盡了令人難以想像的周折，甚至幾次瀕臨於死亡的邊緣。直到二十多年後，才夫妻「再合」。作者依次敘來，看似不動聲容，暗底裡卻時而「興風作浪」，時而「推波助瀾」，使這一生離死別的故事始終緊扣著讀者的心弦。又如《警世通言》中的《范鰍兒雙鏡重圓》：南宋末年，福州監稅呂忠翊攜一家老小趕赴任所，途中與綠林人馬相遭遇，年方二八、容顏清麗的女兒順哥不幸被擄。順哥自度必死無疑，豈意絕處逢生：綠林統帥范汝爲的侄子范希周（渾名「范鰍兒」）見而憐之，不僅救下她一條性命，而且互通款曲後結爲秦晉。信物是范家的祖傳寶鏡，它「清光照徹，可

開可合，內鑄成鴛鴦二字，名爲『鴛鴦寶鏡』。」其後，「夫妻
和順，相敬如賓，」生活十分美滿。但樂極生悲，不久，官軍前
來追剿，范汝爲連連敗績。順哥深知鰍兒以「附逆罪」難免一死，
便對他慨然說道：「妾願先君而死，不忍見君之就戮也。」說完，
便欲引劍自刎。鰍兒慌忙上前阻止。勸說再三，順哥才聽從鰍兒
的主張：暫且分離，各尋生路；倘能幸免一死，再謀團圓。於是，
兩人將「鴛鴦寶鏡」各執一面，「牢藏在身」，並發誓終身不娶
不嫁。後來，綠林人馬非死即俘。順哥以爲鰍兒萬無生理，便「
解下羅帕自縊。」誰知命不該絕，恰好其父呂忠翊率軍經過，「
見破屋中有人自縊，急喚軍校解下。近前觀之，正是女兒順哥。」
不消說，父女重逢，且悲且喜。此後，順哥又恢復了她宦門千金
的身份。但物質生活的優裕及父女重逢的歡欣並沒能淡薄她對生
死未卜的鰍兒的系念。她想盡一切辦法尋找鰍兒的下落，雖然因
此而蒙受羞辱，卻毫不灰心。終於，在一個偶然的機會裡，「雙
鏡重圓」，鴛夢重溫。全篇波詭雲譎，情節的發展完全出乎讀者
的意料之外。唯其如此，才令人不忍釋卷。

　　自然，抒情與敘事這兩類文學作品表現別離主題的藝術手段
與藝術經驗遠遠不止上列諸端。但僅此數端，也足以證明其豐富
與深厚。將如此豐富、如此深厚的藝術手段與藝術經驗融注、凝
聚到別離文學作品中，又怎能不產生撼人膽魄、感人肺腑、沁人
心脾、豁人眼目的藝術魅力呢？